Christian Ludin

Leichte Tourenausrüstung für unterwegs

Ratgeber für Wanderer, Trekker und
Outdoor-Enthusiasten

© 2019 Christian Ludin
Umschlag, Illustration: Christian Ludin
Bildnachweis: Alle Bilder stammen sofern nicht anders angegeben von Christian Ludin.
Weder der Autor noch der Verlag übernehmen eine Verantwortung für inhaltliche und sachliche Fehler.
Eine Haftung des Autors oder des Verlages und seiner Beauftragten für Personen-, Sach- und Vermögensschäden ist ausgeschlossen.

Verlag & Druck: tredition GmbH, Hamburg

ISBN
Paperback   978-37482-1833-3

Inhalt

1 Einführung

Unser Alltag wird immer stressiger und schnelllebiger. In der Freizeit suchen daher immer Menschen Ruhe und Erholung. In der Schweiz ist Wandern als Ausgleich zum Alltag äußerst populär, fast die Hälfte der Bevölkerung (3.6 Mio.) unternehmen Wanderungen oder Bergwanderungen. Dabei werden mehrtägige Wanderungen und Fernwanderungen häufig in den Ferien und am Wochenende gemacht. Auch in Deutschland wandern rund 56 % oder fast 40 Mio. Personen der deutschen Bevölkerung. Im Wanderurlaub unternehmen etwa 24 % aller Personen Mehrtagestouren.

Um die Natur unbeschwert und entspannt zu erleben, ist eine leichte Tourenausrüstung wichtig. Typischerweise nimmt man immer Zuviel mit und erreicht ohne Problem Lasten von mehr als 14 Kilogramm auf Mehrtageswanderungen und schaut beim Gehen mit bleischwerem Gepäck eher angespannt auf den Boden anstatt entspannt die Natur zu genießen.

Allerdings ist der Mensch nicht zum Tragen schwerer Lasten gemacht. Zu den häufigsten Beschwerden gehören die Taubheit im Schulterbereich, Rücken- und Fußprobleme. Wissenschaftliche Untersuchungen zeigen, dass man nicht mehr als ca. 12 % bis 15 % des Körpergewichts über mehrere Stunden und Tage tragen soll. Mit weniger Gepäck kann man längere Strecken laufen und man ist sicherer zu Fuß, vor allem bei Bergwanderungen, da das Gewicht den Körperschwerpunkt ändert und die Balance im schwierigen Gelände schwerer zu halten ist und die Gefahr des Ausrutschens und Stürzens erhöht wird. Abgesehen von extremen Touren muss daher schweres Gepäck nicht sein. Minimales Gewicht bei gleichem Komfort, Strapazierfähigkeit und ohne Kompromisse bei der Sicherheit ist mit Umsicht machbar. Leichtes Schuhwerk mit griffiger Sohle hilft dabei, Ermüdung vorzubeugen und das Verletzungsrisiko zu reduzieren.

Dieser Ratgeber möchte Wanderer und Trecker sowie Outdoor-Enthusiasten dabei unterstützen, leichte, tourentaugliche und sichere Ausrüstungsgegenstände für Ein- oder Mehrtagestouren zu benutzen.

Dazu werden käufliche und leichte Ausrüstungsgegenstände vorgestellt, hilfreiche Tipps gegeben und es wird erläutert, wie Ausrüstung multifunktionell angewendet werden kann. Für ein „unbeschwertes"

Reiseerlebnis wird bei allen beschriebenen Ausrüstungsgegenständen auf das Gewicht und das Packvolumen geachtet.

Der Leser soll in der Lage sein, mit dem Basiswissen über die Physiologie des Tragens und der Kinematik des Gehens in unterschiedlichem Terrain mit einem gegebenen Rucksackgewicht und einer Gehgeschwindigkeit eine geplante Tourendistanz ohne eine Überbelastung einschätzen zu können.

Individualreisende, welche Fernreisen, Weltreisen oder Extremreisen unternehmen können auch vom Leichtgewichtsleitfaden profitieren, da das Basisprinzip der leichten Ausrüstung immer gleichbleibt. Damit wird auch bei solchen Reiseunternehmungen das Rucksackgewicht nicht zur Belastung.

Weitere Themen sind praktische Tipps für die Verpflegung unterwegs, zu elektronischen Energiespeichern und mobile Stromquellen, zu Regelungen für Übernachtungen in der Natur in Europa sowie Packlisten für Wochenendtouren und Mehrtageswanderungen.

Viel Spaß beim Lesen und Ausprobieren der vorgestellten Leichtausrüstung!

Christian Ludin

2 Physiologie zum Tragen von Lasten und Gehen über lange Distanzen: Grundlagen

Das Einschätzen der eigenen Leistungsfähigkeit für das Wandern über eine lange Distanz mit einem schweren Rucksack bei Touren ist wesentlich für die Planung einer Etappe und um sicher anzukommen. Dazu kann das Konzept über die Beziehung zwischen maximal akzeptabler Arbeitszeit und physischer Arbeitsbelastung angewendet werden, welches in der Arbeitswelt in den 80-iger Jahren etabliert wurde, um Arbeitnehmer bei schwerer körperlicher Arbeit vor Überlastung zu schützen.

Eine akzeptable Arbeitsbelastung stellt das Gleichgewicht zwischen physischer Arbeitsbelastung (dynamische Muskelarbeit) und kardiorespiratorischer Kapazität während 8 Stunden Arbeit dar. Im Gleichgewicht werden die Sauerstoffaufnahme (VO_2) und die Herzfrequenz (HF) bei gleichbleibender Arbeitsleistung konstant gehalten.

Nach einer sehr langen Zeit belastet die Akkumulation von Milchsäure im Blut das Herz-Kreislauf-System und verursacht einen plötzlichen Anstieg der Herzfrequenz (HF). Somit ist eine deutliche HF-Erhöhung (etwa 10 Schläge/min) ein sicheres Zeichen von Ermüdung und Erschöpfung. Dieses Kriterium wird angewendet, um die akzeptable Arbeitsbelastung für einen 8-Stunden-Arbeitstag zu bestimmen.

Die inverse Beziehung zwischen der Dauer und Intensität der Belastung bildet die Grundlage für das Modell der Erhaltungszeit.

Eine 30-jährige Person kann eine konstante Leistung bei ca. 28 % des $VO_{2\ max}$-Wertes für einen Zeitraum von ungefähr 12 h, von 35% für ca. 8 h, von 70-75 % für eine Stunde und 100 % für mehrere Minuten aufrechterhalten.

Ebenso kann es angewendet werden, um die maximal akzeptable Leistungsfähigkeit auf einer Tour mit Rucksack einzuschätzen.

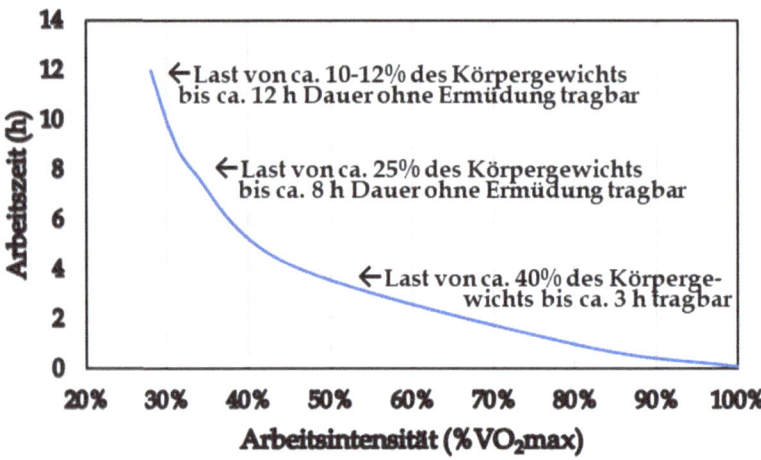

Inverse Beziehung zwischen der Dauer und Intensität einer Arbeitsbelastung: Gehen (dynamische Muskelarbeit) mit konstanter Leistung beim Tragen von Lasten

Den VO_{2max}-Wert kann man mit der sogenannten Cooperformel einfach bestimmen, indem man eine Multisport Uhr mit integrierter VO_{2max} Bestimmung verwendet oder die folgende einfache Rechenformel benutzt:

VO_{2max} *ml/kg ·min ≈ gelaufene Strecke (m) – 505 m /44.7 m*

Dazu benötigt man nur die gelaufene Wegstrecke für die benötigten zwölf Minuten.

Der VO_{2max}-Wert ist auch altersabhängig. Die Fähigkeit Sauerstoff aufzunehmen nimmt mit dem Alter von 30 Jahren jedes Jahr um ca. 1 % ab. Typische Werte (50 % Quantile) von Männern und Frauen sind folgende:

Männer: 20-29 J: 44 ml/kg·min; 50-59 J: 37.8 ml/kg·min

Frauen: 20-29 J: 37.4 ml/kg·min; 50-59 J: 27.5 ml/kg·min

Einfluss der Wandergeschwindigkeit auf den Energieverbrauch

Der Mensch hat die angeborene Fähigkeit, die Gehgeschwindigkeit durch die Variation der Schrittanzahl/min und durch die Schrittlänge so zu steuern, dass der metabolische Energieverbrauch -die sogenannte „Cost of Transportion"- zum Laufen einer bestimmten Strecke minimiert wird.

Das Energieminimum stellt dabei eine U-förmige Kurve des metabolischen Energieverbrauchs (VO_2 ml/kg/Distanz Meter) und der Gehgeschwindigkeit (m/min, beziehungsweise km/h) dar.

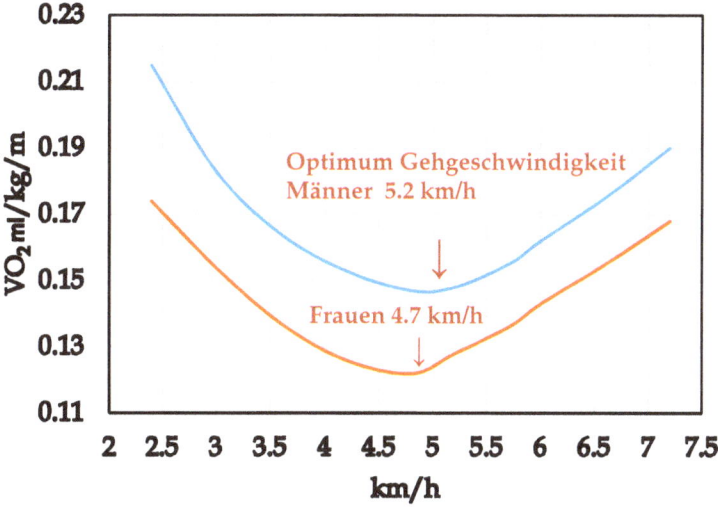

Metabolisches Energieminimum der Gehgeschwindigkeit bei Männern in der Ebene ohne Last, bei Frauen ist dieses Energieminimum ca. 20 % tiefer, das Optimum der Gehgeschwindigkeit liegt bei 4.7 km/h

Das Optimum der Gehgeschwindigkeit ist abhängig von der Körpergröße und -Gewicht, der Rucksacklast und von der Geländesteigung und liegt im Bereich zwischen ca. 3.0 km/h (15% Steigung, ca. 20 kg Last) und 5.2 km/h ohne Last, Ebene) für Männer, für Frauen bei ca. 2.8 km/h bis 4.7 km/h. Das Optimum kann durch die selbstbestimmte Gehgeschwindigkeit gesteuert werden. Oberhalb und unterhalb des Bereichs steigt der Energieverbrauch für das Gehen stark an und die Leistungsfähigkeit nimmt ab.

Bis zu einem Rucksackgewicht von ca. **9 kg** (ca. 10-12 % des Körpergewichts) ist der metabolische Zusatzenergiebedarf durch das Tragegewicht bei Männern neutral, wenn die Gehgeschwindigkeiten zwischen ca. 3.0 km/h und 4.8 km/h liegen. Bei Frauen liegt dieser Bereich zwischen ca. 2.8 km/h und 3.5 km/h. Ab einer 15 % Last des Körpergewichts nimmt der metabolische Sauerstoffbedarf angenähert proportional zur Last zu, unabhängig von der Gehgeschwindigkeit, beispielsweise erfordert eine 20 % Last des Körpergewichts 20 % mehr VO_2-Verbrauch.

Einfluss des Terrains auf die Leistungsfähigkeit

Steigungen erhöhen den Energieverbrauch sehr stark. Mit der folgenden Formel kann der VO_2-Verbrauch (ml/min·kg) einfach berechnet werden:

VO_2 ml/min·kg = m/min ·X % (Steigung in Dezimalwert)

Beispiel: 5 km/h = 83 m/min; 5 % Steigung = 5 m/100 m

VO_2 ml/min·kg = 83 m/min· 0.05 = 4.16

Auf einer topografischen Karte kann man die Steigung einfach aus der Karte ablesen: Je enger die Höhenlinien beisammen liegen, desto steiler ist der Berg. Die Geländesteigung kann prozentual folgendermaßen berechnet werden: Höhendifferenz/Horizontalentfernung · 100 %.

Schwieriges verblocktes Gelände erhöhen den Gesamt-VO_2 Energieverbrauch zusätzlich um bis zu 30 %.

Höheneinfluss auf die Leistungsfähigkeit

Der Sauerstoffpartialdruck in der Atmosphäre nimmt mit der Höhe ab und damit auch die Sauerstoffaufnahme in der Lunge. Der Effekt beginnt in einer Höhe von 1500 m, der VO_{2max}-Wert verringert sich dabei um 10 % je 1000 m und damit auch die entsprechende Leistungsfähigkeit. Dies ist bei Alpintouren ein kritischer Faktor für die Leistungsfähigkeit, z.B. verringert sich der VO_{2max}- Wert von 44 ml/min·kg (Mann, Alter 30 J) auf 39.6 ml/min·kg bei einer Höhe von 2500 m.

Temperatureinfluss auf die Leistungsfähigkeit

Bei Kältestress kann der Energieumsatz aufgrund des Zitterns die Thermogenese auf Intensitäten von etwa 40 % VO_{2max} ansteigen.

Bei Außentemperaturen grösser als 28°C und durch die Muskelarbeit des Laufens, welche Wärme erzeugt, muss der Körper die Wärme abführen, was der menschliche Körper mit Schwitzen bewerkstelligt.

Dazu ist eine genügende Flüssigkeitsaufnahme zur Kühlung des Körpers unabdingbar. Eine Leistungseinbuße beginnt ab einer Dehydrierung von 2% des Körpergewichts, welche dem Wasserverlust entspricht. Die körperliche Leistungsfähigkeit beginnt sich bei einem Wasserverlust von größer als 3-4 % stark zu vermindern, abhängig von der Temperatur. Bei

20°C Außentemperatur wird ein Leistungsabfall von bis zu 7 % beobachtet, bei 30°C bis zu 20 %, bei 40°C bis zu 60 %. Bei einem Gewichtsverlust (Wasserverlust) von ca. 7 % ist man unfähig zu laufen.

Geschlechtsspezifische Unterschiede auf die Leistungsfähigkeit

Der Hauptgrund für die Diskrepanz der Leistungsfähigkeit zwischen Männern und Frauen ist darin begründet, dass Frauen im Durchschnitt eine niedrigere absolute Körper- und Muskelmasse, sowie eine kleinere Körpergröße aufweisen. Die Gehgeschwindigkeit von Frauen ist daher ca. 0.4-0.8 km langsamer als die von Männern.

Diese Tatsache ist bedeutsam für das Wandern in gemischten Gruppen: Da Frauen schneller erschöpfen und empfindlicher auf eine Erhöhung der metabolischen Kosten außerhalb des metabolischen Minimums der Gehgeschwindigkeit reagieren, ist es besser, wenn der Mann die Wandergeschwindigkeit der Frau anpasst. Eine Möglichkeit besteht darin getrennt zu laufen, Männer und Frauen in getrennten Gruppen.

Wanderdistanz und Ausdauerleistung abschätzen

Man kann den Sauerstoffverbrauch in Abhängigkeit vom Körpergewicht, Rucksackgewicht und Schuhgewicht mit der Formel von Holewijan (Lit. 5) in der Ebene abschätzen und ggf. den zusätzlichen Verbrauch durch eine Steigung hinzurechnen. Mit dem errechneten VO_2-Wert und dem individuellen $VO_{2\,max}$-Wert kann man den prozentualen VO_{2max} bestimmen und damit in der Arbeitsleistungskurve die maximale Stundenzahl ablesen, bei welcher die Wanderleistung konstant bleibt.

Dazu benutzt man folgende Formel:

Mann: VO_2 ml/min*kg = 4.1* $m_{Körpergewicht}$ + 0.367*($m_{Körpergewicht}$ + $m_{Rucksackgewicht}$) *v^2 (km/h) + 2.017*$m_{Schuhgewicht}$ *v^2 /kg

Frau: VO_2 ml/min*kg = 4.1* $m_{Körpergewicht}$ + 0.397*($m_{Körpergewicht}$ + $m_{Rucksackgewicht}$) *v^2 (km/h) + 1.289*$m_{Schuhgewicht}$ *v^2 /kg

Beispiel 1 für einen Mann: Wandergeschwindigkeit 5 km/h, 70 kg Körpergewicht, 17.5 kg Rucksackgewicht (25 % des Körpergewichts), Schuhgewicht: 1.5 kg. Der berechnete Wert VO_2 beträgt = 16.77 ml/min*kg.

Bei einem VO_{2max} von 44 ml/min·kg (Mann, Alter 30 J) beträgt der prozentuale VO_2-Wert 38 % (16.77/44) und man kann ca. 5-6 h ohne Ermüdung in der Ebene laufen.

Beispiel 2 für einen Mann: Wandergeschwindigkeit 5 km/h, 70 kg Körpergewicht, 9 kg Rucksackgewicht (kleiner als ca. 12 % des Körpergewichts, metabolisch energieneutral), Schuhgewicht 0.3 kg. Der VO_2 ml/min·kg beträgt 13.49. Hier beträgt der prozentuale VO_2-Wert 30 % und man ca. 10 h ohne Ermüdung in der Ebene laufen und eine ca. 20 km längere Strecke zurücklegen.

Beispiel 3 für einen Mann: Bei einer 5 % Steigung beträgt der zusätzliche Sauerstoffbedarf 4.16 ml/kg·min (Berechnung siehe Einfluss des Terrains) und addiert sich für Beispiel 1 zu einem Gesamtwert von 20.9 ml/kg·min. Der prozentuale VO_2-Wert beträgt nun 47.5 % und man höchstens ca. 4.5 h ohne Ermüdung einen Berg hinauflaufen.

Lastenverteilung am Rücken und Ergometrie des Tragens

Ein Rucksack sollte die natürliche Haltung und Bewegung des Körpers nicht stören. Daher muss die Belastung in ausgewogener Weise um die vertikale Achse (Körperschwerpunkt) auf die Skelettstruktur verteilt werden, sodass die Belastung auf den Körper nur vertikal nach unten erfolgt. Die Forschung zeigt, dass je größer die Last ist, desto größer ist die Vorwärtsneigung des Körpers -von bis zu ca. 26 Grad-, desto größer wird die Abweichung von der Kinematik der natürlichen Laufbewegung. Insbesondere wird die Schrittlänge kürzer und Schrittfrequenz kleiner, um die Instabilität der Laufbewegung durch die Last zu kompensieren.

Schwere Gegenstände sollten oben dicht am Rücken getragen werden, leichte Ausrüstung in die Mitte und im äußeren Bereich des Rucksacks. Rucksäcke legen das Gewicht auf die Rückseite der Hüften und keines auf der Vorderseite. Ohne

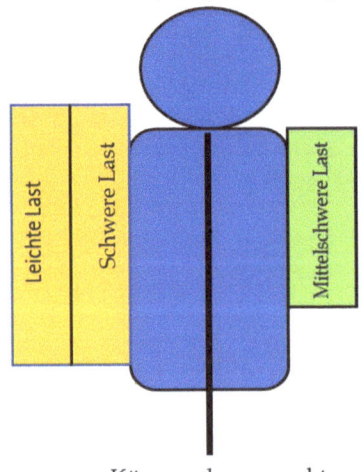

Körperschwerpunkt

Idealfall: Aufrechtes gehen durch optimale Lastverteilung am Körperschwerpunkt

Gewichtsausgleich an der Vorderseite des Beckens wird eine Rotationskraft um die Hüfte herum erzeugt, die das Becken an der Rückseite nach unten drückt. Ab einem Gewicht von ca. **7 kg** ist es kinematisch und metabolisch günstiger ein Teil des Gewichts auf die Vorderseite vor dem Brustkorb zu tragen. Dies führt zu einem aufrechteren Gang und entlastet auch die Schultermuskulatur.

Gesundheitsprobleme beim Rucksacktragen

Untersuchungen von Weitwanderern des PCT - und des Appalachian-Trails (USA), welche mehr als mehr als 3220 km wanderten und von Militärpersonal in Australien zeigen, dass bereits bei einem Rucksackgewicht von **4.5-9 kg** bei 35 % der Rucksackträger Taubheit in Armen und Schulterbereich auftritt, verursacht durch ungünstige Gewichtsverteilung der Last auf die Schultergurte, welche die Brachial plexus palsy Nervenbahnen der Arm- und Schultermuskeln einklemmen. Bei mehr als **14 kg** Rucksackgewicht beklagen bereits ca. 69 % der Rucksackträger Taubheitsgefühle. Typisch sind auch Nackenprobleme, Rückenprobleme, Knie- und Fußgelenksschmerzen und bei sehr schweren Lasten Bandscheibenvorfall. Blasenbildung gehört zu den häufigsten Fußproblemen und ist besonders akzentuiert beim Tragen von schweren Lasten. Zwischen 54% und 86% von Mehrtageswanderern leiden unter Blasenbildung.

Gesundheitsprobleme durch Schuhwerk

Kinematik des Gehens und Schuhwerk

Mit seinem komplexen System von Bändern, Gelenken, Muskeln und Nervenenden ist der Fuß eines der größten sensorischen „Organe" des menschlichen Körpers. Der moderne Mensch hat sich seit Jahrtausenden daran gewöhnt, mit minimalem Schuhwerk zu gehen, die den Fuß optimal vor Verletzungen schützen. Heutzutage sind moderne Schuhe jedoch gedämpft, steif und schwer, auch das Schuhdesign wie z.B. High Heels, Schnabelschuhe, Schuhe mit Plateausohlen und Keilabsätzen und Flip-Flops schränken die natürliche Gangart des Menschen ein. Dies führt nach vielen Jahren des Tragens zur Passivität der Füße, zu Fußverformung und zu einer Fehlbelastung (ca. 75 % der Personen in Industriestaaten), welche sich dann später z.B. als Plattfuß, Kniebeschwerden, Hüftbeschwerden, Achillessehnenprobleme, Rückenbeschwerden usw. äußern. Die typische Anzahl von Schritten liegt oft nur bei 3000-5000 täglich. Beim Wandern einer 15 km-Distanz mit einem Rucksack macht man allerdings ca. 19`000 Schritte mit schweren Schuhen und belastet den meist passiven Bewegungsapparat zusätzlich mit hohem Rucksackgewicht. Dies führt häufig zu Beschwerden bei längeren Wanderungen.

Interessant ist dazu eine Untersuchung von Weitwanderern des PCT- und des Appalachian-Trails über das Verletzungsrisiko und Beschwerden beim Tragen von Wanderschuhen, Laufschuhen und Sandalen auf dem Trail. Dabei wurde bei Wanderer mit Laufschuhen und Wanderschuhen bei ca. 30 % Sehnen- und Muskelverletzungen und bei Wanderern mit Sandalen nur ca. 20 % solche Verletzungen festgestellt. Je rigider das Schuhwerk, desto zahlreicher sind die Berichte über Taubheitsbeschwerden des Fußes, bei Sandalen ca. 29 %, bei Laufschuhen ca. 36 %, bei Wanderschuhen ca. 42 %, und bei Wanderstiefeln ca. 68 %.

Fehlende sensorische Stimulation der Fußsohlen beeinträchtigt die natürliche Gangart massiv. Die Fußsohle besitzt 107 Druck- und Vibrationssensoren, welche den Druck, die Hautdehnung und die Textur der Oberfläche messen und welche den Muskeln im Fuß, Knie, Hüfte und Rückgrat Rückmeldung geben. Der Fuß und der Bewegungsapparat können sich dadurch jeder Bodenbeschaffenheit (harter Boden, weicher Untergrund) und auch einer Last sowie Stoßbelastungen beim Laufen und Gehen optimal anpassen. Dieses propriozeptive System ist neben dem Sehen und dem vestibulären Gleichgewichtsorgan im Ohr das Hauptbalancekontrollsystem des Menschen (Lit. 8-13). Vor allem das propriozeptive System ist für die Bestimmung der statischen und dynamischen Stabilität verantwortlich und eine Störung durch fehlende Sensorik erhöht die Sturzgefahr durch Stolpern, Umknicken und das Ausrutschen im Gelände.

Die Fußsohlenkontaktfläche zum Boden ist typischerweise bei Menschen in Industrienationen durch das langjährige Tragen ungeeigneter Schuhe verkleinert (typischer Wert beim Mann bis zu 10 cm^2), im Vergleich zu Personen, welche z.B. sehr häufig minimales Schuhwerk oder kein Schuhwerk tragen. Dies führt zu einer erhöhten lokalen Druckbelastung, zu vermehrter Blasenbildung und Fußschmerzen, vor allem beim Lastentragen. Der Zehenbereich wird in ungeeignetem Schuhwerk auch nicht benutzt, dabei leisten diese, - vor allem der Großzehe - einen großen Beitrag zur Stabilität des Laufens. Die Schrittlänge ist mit schwerem Schuhwerk länger und Schrittanzahl kürzer und dies führt auch zu größeren Belastungen des Fußes und der Gelenke.

Fazit und Empfehlungen

Leichtgewichtiges Wandern ist sinnvoll, da bei einem Rucksackgewicht kleiner als ca. 9 kg (ca. 10-12% des Körpergewichts) und bei einer Gehgeschwindigkeit unter 4.8 km/h bei Männern, bei Frauen unter 3.6 km/h *keine* zusätzliche metabolische Energie verbraucht wird.

Faustregel 1: Der prozentuale metabolische VO_2-Mehrverbrauch nimmt angenähert proportional ab einer ca. 15 % Beladung - bezogen auf das Körpergewicht - zu, unabhängig von der Gehgeschwindigkeit. Beispielsweise erhöht ein 20 % Rucksackgewicht/Körpergewicht den metabolischen VO_2-Verbrauch um 20 % den VO_2-Wert des Gehens.

Faustregel 2: Pro **100 g** Schuhgewicht erhöht der metabolische VO_2-Verbrauch den VO_2-Wert des Gehens um ca. 1 %. Die Einsparung von **1000 g** Schuhwicht entspricht der Reduktion von ca. **6-7 kg** Rucksackgewicht.

Eine optimale Lastverteilung und geringeres Rucksackgewicht (max. 15 % des Körpergewichts) minimiert die typischen Gesundheitsprobleme beim Rucksacktragen über längere Distanzen.

Beim Wandern die selbst gewählte Geschwindigkeit einhalten, welche sich praktisch immer am metabolischen Energieminimum befindet und nicht dem Gruppen- oder Leistungszwang folgen.

Die grobe Berechnung des metabolischen VO_2-Wertes erlaubt eine Abschätzung über die erreichbare Tagesdistanz ohne Ermüdung mithilfe des Rücksackgewichts, des verwendeten Schuhwerks und des Terrains.

Ein einfacher Herzfrequenzmesser (z.B. Fitnessarmbänder mit integrierter optischer Herzfrequenzmessung) zeigt die Ermüdung bei einem plötzlichen Anstieg der Herzfrequenz von ca. 10 Schlägen/min an. Dies ist vor allem bei Bergtouren wichtig.

Wanderschuhe sollen den natürlichen Bewegungsablauf beim Gehen möglichst wenig (oder eben minimal) beeinträchtigen. Dazu zählen Schuhe mit minimaler Dämpfung, flexiblen dünnen Sohlen, kein Absatz und eine ausreichend große Zehenbox zur Funktionalität der Zehenbewegung und ein geringes Schuhgewicht. Ausgenommen ist Schuhwerk für große Kälte und alpines Gelände mit Eis, Fels und Geröll. Ein Fußmuskeltraining hilft dabei zusätzlich die Passivität und Fehlbelastungen der Füße, verursacht durch das langjährige Tragen ungeeigneter Schuhe, zu vermindern.

3 Leichte Tourenausrüstung für unterwegs

Generelle Empfehlungen für den Wechsel zu leichtgewichtigen Wander- und Trekkingausrüstung und zur Tourenplanung

Tipps für den Umstieg

> ➢ *Schrittweise vorgehen.* Der Wechsel erfordert Erfahrung und manch leichter Ausrüstungsgegenstand ist wegen des Leichtgewichts nicht robust genug. Vor der Tour die Ausrüstung testen.
>
> ➢ *Wander- und Trekkingausrüstung wiegen und Überflüssiges weglassen.* Alle Ausrüstungsgegenstände wiegen, am besten mit einer Küchenwaage und die gemessenen Gewichte in eine Exceltabelle übertragen und die Gewichte in einer Kuchengrafik darstellen. Beim Packen sich überlegen, ob man den Gegenstand wirklich unterwegs braucht. Nach einer Tour Bilanz ziehen.
>
> ➢ *Schwere Ausrüstung zuerst ersetzen.* Die schwersten Gegenstände sind Rucksack, Zelt und Schlafsack.
>
> ➢ *Ausrüstungsteile mit dem Tourenpartner teilen.* Man braucht z.B. nur einen Kocher, ein Zelt, eine Zahnpaste, Seife, oder Powerbank.

Tourenplanung

1) Die wichtigste Regel für Wanderer und Trecker besteht darin, vor dem Beginn einer Tour immer die Route und die ungefähre Rückkehrzeit mindestens zwei Personen mitzuteilen. Damit ist es möglich in Notfällen sehr schnell Personen zu finden.

2) Keine unnötigen Risiken eingehen, Gefahren erkennen und richtig einschätzen.

3) Die Gesamtroute und Alternativen sowie das Gelände- und Höhenprofil der Route und die eigene Fähigkeit beurteilen, damit man entsprechende Ausrüstung, die Gehzeit, Pausen und Reservestunden einplanen kann. Die Ausrüstung vor dem Start überprüfen.

4) Im Aufstieg zusätzlich 15 min/100 Höhenmeter und zusätzlich 15 min für einen km Distanz zur typischen Wandergeschwindigkeit in der Ebene dazurechnen.

5) *Proviant, Wasser und Brennstoff:* Kann man unterwegs in einer Hütte, Restaurant oder Unterkunft essen oder Proviant nachkaufen? Wo kann man unterwegs Wasser nachfüllen? Wie viel Brennstoffbedarf wird benötigt?

6) Die Wettervorhersage beachten und während Tour auf Wetteränderungen achten, damit man ggf. rechtzeitig die Tour abbrechen oder Alternativrouten gehen kann.

7) Abfall vermeiden und wieder mitnehmen „Leave no trace".

8) PET-Flaschen vermeiden und Faltflaschen oder Weithalsflaschen benutzen.

9) Die lokalen Gepflogenheiten am Reiseort respektieren.

Rucksack

Klassische Trekkingrucksäcke mit Innentragegestell und vielen Taschen wiegen ca. **2 bis 3 kg**, Leichtrucksäcke wiegen nur ca. **360-1000 g** je nach Volumen und diese eignen sich sehr gut, um mit möglichst wenig Packgewicht auf Touren zu gehen.

Das Rucksackvolumen ist eines der wichtigsten Auswahlkriterien. Es richtet sich vor allem nach der Art der geplanten Touren. In kleineren Rucksäcken mit 25 bis 35 l Fassungsvermögen passt alles, was für ein Wochenende mit Übernachtung im Freien oder für eine Hüttentour benötigt wird. Ab etwa 40 l Fassungsvermögen beginnt die Kategorie der typischen Trekkingrucksäcke. Je nach Ausstattung und Robustheit des Materials sind sie für Weitwanderer, für Berg- oder Touren mit Kletterausrüstung etc. geeignet. Für einwöchige Touren mit Verpflegung genügen ebenfalls ca. 40-50 l Volumen und einem maximalen Tragegewicht von ca. **10 kg**. Wichtig ist, dass die Rucksackgröße der Rückenlänge (Oberkante Schulterblätter bis Oberkante Beckenknochen) angepasst ist und körpernah an den Rücken eingestellt werden kann. Auch der Hüftgurt muss gut gepolstert und dem Becken angepasst sein. Breite und gepolsterte Schultergurte vermindern Schulterschmerzen bei höherem Rucksackgewicht. Neue Rucksäcke sollten zum Tragetest immer mit Beladung ausprobiert werden.

Sehr leichte Rucksackmodelle kommen ohne Tragegestell aus. Ein weiterer wesentlicher Gewichtsfaktor sind die verwendeten Materialien. Diese sind dünner und leichter als bei konventionellen Rucksäcken aber genauso strapazierfähig und reißfest. Ein ultraleichter Rucksack ohne Innengestell für eine ca. 7-tägige Tour wiegt etwa **600-900 g** und kann durch gezieltes Packen der Rucksack in Form gebracht werden.

Gute Leichtrucksackmodelle um ca. **1000 g** mit einem Volumen ca. 45 l mit Gestell stellt die Firma Osprey her, z.B. die Modelle Exos 48, mit **1.19 kg** Gewicht, das Osprey Levity 45 Modell, **830 g** oder die Speed Lite Serie 35 l von Deuter, ca. **860 g.** Modelle ohne Innengestell gibt es von Montane, z.B. den Montane Ultra Tour 40, **745 g** oder von der Firma Terra Nova der Laser 25, Volumen 25 l, **365 g**, weitere Hersteller von Leichtrucksäcken sind z.B. Gossamergear, Hyperlite Mtn. und Bergans.

Für ein ergonomisches Laufen und zur besseren Gewichtsverteilung am Rücken und vor dem Brustkorb eignet sich z.B. das Frontpack Universal Balance Bags der neuseeländischen Firma AARN mit 12 l Volumen und **594 g** oder die RIBZ-Fronttasche (RIBZ, USA) mit 8 l Volumen, **370 g** auch zur Volumenerweiterung eines Rucksacks. Das Mehrgewicht wird durch einen metabolisch geringeren Energieverbrauch des ergonomischeren Laufens kompensiert. Das AARN-Frontpack passt so gut wie an jedem Rucksack, der einen festen Hüftgurt und Brustgurte mit 20 mm Steckschließen hat, die RIBZ-Fronttasche kann unabhängig vom Rucksacktragesystem benutzt werden.

Zum wasserdichten Verpacken von Ersatzkleidung, Schlafsack und elektronischer Ausrüstung empfehlen sich kleine wasserdichte Wickel-packsäcke z.B. von Sea to Summit, die Ultra-Sil nano dry Säcke mit Volumen 2-13 l und Gewicht ca. **16-28 g.** Zusätzlich nimmt man einen wasser-dichten Wickelpacksack mit einem Volumen von 50 l, ca. **80 g** oder einen reißfesten, durchsichtigen Polyolefinfolienflachbeutel (POF), ca. **33 g** zum Auskleiden des Rucksacks mit, damit die gesamte Ausrüstung trocken bleibt. Ein Rucksackregenüberzug deckt nicht den gesamten Rucksack ab, am Rückenteil dringt nach längerem Wandern im Regen oft Wasser ein.

Tipp. Gestell-lose Rucksäcke packen und in Form bringen: Gegen-stände, welche man am Ende des Tages braucht, kommen unten in den Rucksack, die aufblasbare Isomatte nicht rollen, sondern falten und nahe am Rücken platzieren, ebenso das gefaltete Tarp und der Proviant. Leich-tere Gegenstände wie Kocher, Wechselwäsche, Erste-Hilfe-Set und Elek-tronik in die Mitte und außen platzieren, Regenbekleidung und Wärmeja-cke oben. Damit lässt mit wenig Probieren der Rucksack in Form bringen. Wasserflaschen kommen außen in die Seitentaschen und Kleinteile in die Hüfttaschen oder in die Frontschultergurttaschen.

Übernachten

Zelt

Sehr leichte und stabile 1-2-Personen-Zelte für den Gebrauch Frühjahr bis Herbst wiegen je nach Größe um die **550-1100 g**. Das Material des Außenzeltes ist meist silikon-beschichtet, die Gestänge sind aus hochwertigem Aluminium- oder Karbonmaterial und das Innenzelt mit hochgezogenem Boden und feinem Mesh-Material der Seitenwände lässt sich der Regel ohne Überzeit aufstellen. Dies ermöglicht eine effektive Belüftung bei hoher Außentemperatur und bei Mückenplagen. Die Gestaltung des Innenraums ist ein wesentliches Entscheidungskriterium bei der Zeltauswahl. Die Größe der Liegefläche muss zur Körpergröße des Zeltnutzers passen, damit genügend Bequemlichkeit für einen längeren Aufenthalt gewährleistet ist, eine Fläche von ca. 2 qm/Person ist ausreichend. Bekannte Hersteller von ultraleichten 1-2 Personen Zelten sind z.b. Six Moon Designs, MSR, Terra Nova, TarpTent, Sea-to-Summit, Gossamergear und Big Agnes. Zelte, die um ein Kilogramm wiegen, z.b. für 2 Personen sind z.b. das MSR Carbon Reflex 2 green Zelt, **1025 g** oder das Gossamer Gear The One Ultraleicht Zelt, **545 g** für eine Person.

Tarps und Ponchos

Tarps lassen sich auf Touren überall und universell einsetzen, nicht nur als Übernachtungsmöglichkeit, auch als Sonnensegel, Hängematte, Windschutz bei Pausen, für improvisierte Wasserüberquerung als Schwimmhilfe. Tarps ermöglichen eine gute Ventilation, sind leicht und weisen eine große Bodennutzfläche auf. Mit ein wenig Übung sind Tarps mit Schnüren, Heringen (3-6 Stück) und Teleskopaufstellstangen (Trekkingstöcke) schnell aufgestellt. Wer sich vor Insekten schützen möchte, nimmt zusätzlich ein Moskitonetz z.B. von Seat to Summit, das Nano Moskito Pyramid Net, **85 g** mit, welches sich im Tarp aufhängen lässt.

Die Tarpgröße entscheidet, wie viele Personen darunter Platz finden. Bei Ponchos, die als Tarp genutzt werden können, ist das meist nur eine Person. Ultraleichte Ponchos können in der Regel nur von 3 Seiten vom Wetter geschützt werden typische Größe 145·265 cm, Tarps mit 240·300 cm dagegen bieten Schutz wie ein geschlossenes Zelt. Da Tarps keinen Boden haben, nimmt man eine Unterlage aus wasserdichtem, und reißfestem

Tyvekfliesstoff, **44 g**/qm oder aus Polyolefinfolie (POF), einem reißfesten, durchsichtigen und wasserdichten Verbundmaterial, ca. **19 g**/qm mit.

Leichte Ponchos gibt es von Sea to Summit, z.B. das Ultra-Sil Nano 15D Tarp Poncho, 145◦265 cm, **180 g**, von Exped das UL Tarp Poncho, 150◦240 cm, **330 g**, von Six Moon Designs das Gatewood Tarp-Poncho, mit 4-Seitenschutz, **300 g.** Tarps gibt es z.B. von Terra Nova, das Competition Tarp 240◦300 cm, **378 g**, von DD Hammock das Tarp 290◦300 cm, **490 g** oder von Nordisk das Voss 9 SI Ultraleicht Tarp, 300◦300 cm, **600 g.**

Aufstelltipps: Es gibt zahlreiche Aufstellmöglichkeiten, wobei große Tarps mit mindestens 240◦290 cm Dimension die Konstruktionsart erleichtern, wie z.B. das **A-Frame**, **Lean-To** oder **geschlossene Varianten** für schlechtes Wetter. Das **A-Frame** ist eine universelle Konstruktion mit gutem Wetterschutz und kann mit jeder Tarpgröße aufgestellt werden und ist variabel in der Höhe oder mit den Längsseiten dicht am Boden aufstellbar. Dazu braucht man 4 Heringe und eine Spannleine, wenn man es zwischen 2 Bäumen aufstellen möchte. Mit 2 Trekkingstöcken und Abspannleinen lässt es sich auch im freien Gelände aufstellen.

A-Frame Konstruktion, Tarpgröße 290◦300 cm, für zwei Personen mehr als ausreichend

Geschlossene Variante, Tarpgröße 290◦300 cm mit zwei Trekkingstöcken

Die **Lean-To** Variante ist eine einfache Schrägdachkonstruktion mit wenig Wetterschutz für Pausen, welches sich ebenfalls zwischen 2 Bäumen oder mit zwei Trekkingstöcken, zwei Heringen und Abspannleinen auch im freien Gelände aufstellen lässt.

Die Aufstellung der **geschlossenen Variante** in einer Pyramidenform erfordert in der Minimalversion nur 4 Heringe und zwei Stöcke: Eine Ecke fixieren, dann die zweite ca. 1.20 m nebeneinanderliegende Ecke am Boden befestigen, anschließend fixiert man die beiden freien Ecken mit je einem Hering im Abstand von ca. 60 cm als Eingang, im Inneren werden dann zwei unterschiedlich lange Stöcke aufgestellt und das Planenteil wird über dem Eingang zurückgeschlagen.

Hinweis. Außenzelte, Tarps und Ponchos aus Silylnylon sind leicht entflammbar und das Kochen unter einem geschlossenen Tarp oder Zelt ist auch wegen einer potentiellen Kohlenmonoxidvergiftung zu unterlassen.

Hat man keine Trekkingstöcke zu Verfügung und muss stattdessen Holzstöcke verwenden, dann muss das Holzstück für die Tarpabstützung abgerundet und gepolstert werden, damit die Plane nicht einreißt.

Heringe tragen einen erheblichen Beitrag zum Gewicht des Zelts oder Tarps bei: Leichte, stabile Heringe aus Titan, Hartaluminium oder Karbonkompositmaterial wiegen nur ca. **6-10 g**/Stück. Abspannseile aus Dyneema-Fasern wiegen sehr wenig (ca. **2 g**/m) und weisen eine hohe Zugfestigkeit auf.

Schlafsack

Im Schlaf regelt der Mensch die Wärmeproduktion herunter. Sinkt die Außentemperatur unter ca. 28°C, kühlt man ohne zusätzliche Isolation aus. Für Schlafsäcke gilt seit 2005 die EN13537 Norm, welche Temperaturangaben der Schlafsackhersteller vergleichbar macht. Für die Temperaturangaben, wo man gerade noch nicht friert, ist für Männer die Grenztemperatur maßgebend, für Frauen die Komforttemperatur. Allerdings spielen auch das persönliche Kälteempfinden und der Erschöpfungszustand eine Rolle und man sollte eine ca. 5°C tiefere Grenz - oder Komforttemperatur wählen als die zu erwartende Nachttemperatur. Schlafsäcke müssen der Größe der Person angepasst sein, sowie einen Wärmekragen und eine Abdeckleiste für den Reißverschluss besitzen. Ein zu großer Schlafsack führt zu Wärmeverlusten.

Hochwertige Daunenschlafsäcke z.B. von den Schlafsackherstellern Cumulus, Montbell, Yeti oder Western Mountaineering sind im Hinblick auf das Gewicht/Volumen-Verhältnis unerreicht, haben eine lange Lebensdauer und erzeugen ein angenehmes Schlafklima auch bei höheren Temperaturen. Nachteilig ist die Nässeempfindlichkeit von Daune. Sehr gute Drei-Jahreszeitenschlafsäcke (bis ca. 2.0°C Komforttemperatur) wiegen ca. **600-800 g** und weisen ein Volumen von ca. 5-6 l auf.

Hochwertige Kunstfaserschlafsäcke erreichen das Gewicht/Volumen-Verhältnis von Daunenschlafsäcken trotz großer technischer Fortschritte noch nicht ganz, sind aber bei Touren in regenreiche Gebiete alternativlos. Sehr gute Kunstfaser-Drei-Jahreszeitenschlafsäcke gibt es z.B. von Carinthia oder Marmot (bis ca. 2.0°C Komforttemperatur) und wiegen ca. **900-1000 g.**

Tipp: Schlafsäcke müssen immer wasserdicht verpackt und tagsüber ausgelüftet werden, da der Mensch in der Nacht ca. 0.5 l Wasser über die Haut abgibt. Feuchte Kleider können im Schlafsack während der Nacht getrocknet werden. Ein Seiden-Inlett (ca. **110 g**) vermindert eine Verschmutzung des Schlafsackinneren, verbessert die Wärmeleistung um bis zu 5°C und erhöht die Lebensdauer des Schlafsacks durch weniger Waschen.

Die Wärmeleistung lässt sich steigern, wenn man beim Schlafen zusätzlich eine Mütze anzieht. Auch hilft es, eine Wärmeflasche (z.B. hitzebeständige Nalgene Trinkflasche), gefüllt mit heißem (nicht kochend) Wasser und mit Kleidung isoliert, in die Fußbox des Schlafsacks legt.

Im Hochsommer mit Nachttemperaturen über ca. 20°C genügt in der Regel ein Schlafsackinliner wie z.B. der Reactor Extreme Thermolite Mummy Liner Long von Sea to Summit. Dieser verbessert die Wärmeleistung um bis zu ca. 15 Grad, je nach Kälteempfinden und wiegt **434 g**, am besten in Kombination mit einem wasserdichten und atmungsaktiven Biwaksack z.B. von der Firma Cumulus, das Cumulus Ultralight Bivi, **146 g** zu verwenden.

Für Hüttentouren, wenn z.B. der Nacht-Platz überbucht ist oder für ungeplante Übernachtungen ist es immer empfehlenswert, ein Tarp, Isomatte und Schlafsackliner mitzuführen. Damit lässt sich eine Nacht mit Wärmejacke und Notfallbiwaksack überstehen.

Isomatte

Zur Isolierung von Bodenkälte ist eine Isomatte unerlässlich, da das Isolierungsmaterial auf der Schlafsackunterseite zusammengedrückt wird und damit die Bodenkälte in den Körper übergeht. Der Temperaturbereich von Isomatten wird als R-Wert angegeben und ein R-Wert von 2.2. entspricht ca. 0°C. Sehr leichte, aufblasbare Mattentypen haben kleine, reflektierenden Luftkammern, oder sind mit Daunen oder Mikrofaser für eine optimale Isolation gefüllt und diese Matten sind auch sehr gut komprimierbar und klein zu verpacken.

Einen Pumpsack (ca. **85 g**) mitzuführen, ist ein sinnvolles Zubehör, um

diese Matten aufzublasen, ohne dass feuchte Atemluft in das Matteninnere gelangt. Dies kann zu Kondensation und Schimmel insbesondere bei daunengefüllten Matten führen. Eine Luftkammernmatte wie z.B. die NeoAir Xlite Isomatte von MSR, R-Wert 3.2, wiegt ca. **340 g** bei einer Länge von 183 cm, in der Kurzversion **230 g** bei 119 cm Länge. Die komfortable Liegehöhe beträgt 6.3 Zentimetern, was speziell für Seitenschläfer wichtig ist. Die Isomatte raschelt allerdings leicht bei Bewegungen. Andere Hersteller von leichten aufblasbaren Matten sind Exped mit

NeoAir Xlite Isomatte mit Polyolefinfolienunterlage und wasserdichtem atmungsaktiven Biwaksack

Daunen- oder Kunstfaserfüllung oder die aufblasbaren Luftzellen-Isomatten von Sea to Summit. Eine Unterlage zum Schutz der Isomatte ist empfehlenswert, sowie die Mitnahme eines Reparatursets, welches in der Regel mitgeliefert wird. Das Absuchen von spitzen Gegenständen vor dem Liegen verhindert das Durchstechen der ansonsten robusten Matten.

Feste Matten aus z.B. geschlossenzelligem Evazoteschaumstoff (EVA) oder Polyethylenschaumstoff sind dünn, (ca. 2 cm), leicht, nehmen kein Wasser auf und sind nahezu unverwüstlich. Diese sind allerdings sperrig zum Transportieren und unbequem zum Schlafen. Hersteller von solchen Matten sind z.B. von MSR die Therm-A-Rest Z Lite regular aus

Polyethylen, **410 g**, 20 mm Höhe, R-Wert 2.2 oder von Relags die EVA-Iso-matte Tibet mit 14 mm Höhe.

Wildcampen und biwakieren

Das Wildcampen in einem Zelt ist in den meisten europäischen Ländern außerhalb ausgewiesener Areale ausdrücklich verboten. Das Übernachten (Biwakieren für eine Nacht) unter einem Tarp oder in einem Biwaksack stellt teilweise eine rechtliche Grauzone dar, weil das Lagern für eine Pause nicht verboten ist. Alpines Biwakieren oberhalb der Baumgrenze ist in der Regel in allen europäischen Staaten mit alpiner Gebirgsregion möglich.

In den meisten skandinavischen Ländern wie Norwegen, Schweden und Finnland gilt das Jedermannsrecht, welche Privatpersonen bestimmte Rechte bei der Nutzung der Natur erlaubt, z.B. die Möglichkeit zu Übernachten. Auch in Schottland und den baltischen Staaten Lettland, Estland und Litauen ist Wildcampen erlaubt. Ausgenommen sind aber die meisten Naturschutzgebiete und Nationalparks. In der Schweiz gibt es Auflagen für das Wildcampen. Grundsätzlich sind Wald und Weide allen zugänglich. Je nach Kanton oder Gemeinde können jedoch Einschränkungen gelten. Übernachtungen oberhalb der Baumgrenze sind in der Regel unproblematisch. Verboten ist es ausdrücklich in Nationalparks, Naturparks, Wildschutzgebieten und Wildruhezonen. Das Zelten im Wald ist in Österreich per Gesetz verboten. Oberhalb der Baumgrenze sind die Regelungen für das Zelten von Bundesland zu Bundesland sehr unterschiedlich und können auf der Website des österreichischen Alpenvereins www.alpenverein.at/portal/natur-umwelt/bergsport_umwelt eingesehen werden. Übergreifend in den Bundesländern erlaubt ist das "alpine Biwakieren", also zum Beispiel das ungeplante Notbiwak, aber vorsätzliches Biwakieren wird mit einer Zeltübernachtung gleichgesetzt und ist verboten.

In den übrigen europäischen Ländern ist das Wildcampen höchstens toleriert (Portugal, England, Irland, Polen, Rumänien, Island) und ausdrücklich verboten in Deutschland, Frankreich, Italien, Spanien, Griechenland, Belgien, Niederlande, Dänemark, Tschechische Republik, Ungarn, Serbien, Bulgarien, Korsika und Kroatien.

Vor einer Tour immer die *aktuellen* Regelungen des Gebiets im Internet recherchieren, da gesetzliche und lokale Verordnungen oft jährlich angepasst werden.

Tipps zur Auswahl eines geeigneten Übernachtungsstandorts

Nicht in der Nähe von Bächen oder am Ufer von Flüssen übernachten. Diese können plötzlich anschwellen, auch Senken können sich mit Wasser füllen. Unter Bäumen können Äste bei Sturm herabfallen. Bei Regen tropft es stundenlang auf das Zeltdach. Wind- und blitzexponierte Lagen und Steinschlaggebiete vermeiden, ebenso Wildwechselpfade. Beim Wildcampen und Biwakieren den Müll mitnehmen, kein offenes Feuer machen, unnötigen Lärm vermeiden, die Unterkunft spät auf- und früh abbauen, nicht in der Nähe von Wanderwegen, Naturschutzgebieten oder Ortschaften und nicht länger als eine Nacht campieren.

Für Wanderer und Biwakieren ist die fachgerechte Entsorgung von Fäkalien in der Natur eine ultimative Verantwortung, um eine Verschmutzung von Oberflächenwasser und Übernachtungsplätzen durch menschliche Abfälle zu vermeiden.

Fäkalien sollten mindestens 100 Meter vom Wasser entfernt und 30 cm tief vergraben werden. Die Zersetzung wird durch Einmischen von etwas Erde vor dem Vergraben beschleunigt.

Kochen unterwegs

Man kann sich durchaus für einige Tage kalt verpflegen, ohne einen Kocher zu benutzen. Allerdings ist ein heißer Kaffee oder Tee am Morgen und eine warme Mahlzeit bei kühler Temperatur ein wichtiger Wärmelieferant und ein nicht zu unterschätzender psychologischer Faktor.

Kochertypen

Der Kochertyp sollte je nach Reiselänge, Reiseart, den Wetterverhältnissen und der Verfügbarkeit vom Brennstoff ausgewählt werden.

Gaskocher sind einfach in der Handhabung und sauber in der Anwendung, da das Gas ohne Rückstände und nahezu geruchsfrei verbrennt. Außerdem sind Gaskocher sofort betriebsbereit und die Flamme lässt sich präzise regulieren, sodass sich ein solcher Kocher sowohl zum Warmhalten als auch zum schnellen Aufkochen eignet. Gasgemische aus Butan und Propan haben einen hohen Brennwert mit ca. 10 kcal/g, Verbrauch ca. **15 g** für einen Liter heißes Wasser. Mit einem speziell konstruierten Gaskocher kann auch bis ca. -5°C kochen.

Gaskocher haben oft unterschiedliche Anschlusssystem an die Kartuschen. Die am meisten verbreiteten Anschlusssysteme sind das Schraubventil „Lindal-System" oder das Campinggas CV Kartuschen Schraubgewinde. Es gibt allerdings einen Ventilkartuschenadapter für die Benutzung des CV-Systems auf das Lindal-System der Firma Edelrid, Gewicht **75 g**. Das hohe Eigengewicht der Kartuschen und der Transport der leeren Kartuschen machen sich bei längeren Touren bemerkbar, auch die unterschiedliche Verfügbarkeit der Kartuschen muss vor der Tour abgeklärt werden. Ein guter Gaskocher ist z.B. Soto Micro Regulator Stove, **70 g**, welcher auch bis -5°C funktioniert.

Toaks Alcolholstove: 30 ml Brennspiritus reichen aus, um einen l Wasser zu erhitzen

Spirituskocher werden mit dem nur leicht rußenden Brennstoff Ethanol (4 kcal/g, Verbrauch ca. **30 g** für einen Liter heißes Wasser) betrieben. Die Kocher sind einfach aufgebaut und wartungsfrei. Gute Spirituskocher sind mit einem Windschutz ausgestattet, was sie in gemäßigten Klimazonen zu idealen Allwetterkochern macht. Allerdings sind Spirituskocher nicht zu regulieren, was aber keinen Nachteil wegen der geringeren Heizleistung darstellt. Gute Kocher gibt es z.B. von der Firma Toaks, der Titanium Alcoholstove mit Topfstand, **24 g**, von Trangia der Spirituskocher mit verschließbarem Deckel, **110 g**, dazu extra der Evernew Cross Stand Trivet 2 Topfhalter, **13 g,** der EOE Apart Titan Spirituskocher, **46 g** von EOE, oder der Evernew Titanium Alcohol Stove, **34 g**. Für den Einsatz in kalten Regionen ist ein Spirituskocher weniger geeignet, da der Brennstoff einen geringen Heizwert bietet und bei Minustemperaturen erst vorgewärmt werden muss. Brennspiritus ist fast überall erhältlich. Für eine Woche zu Zweit oder Alleine für zwei Wochen ist ein Spirituskocher ideal.

Hinweis. Zum Nachfüllen des Kochers mit Spiritus warten, bis der Kocher erkaltet ist. Spiritus hat einen sehr niedrigen Flammpunkt von 12°C. Das Nachfüllen eines heißen Kochers führt zur Verpuffung und hohem Verletzungsrisiko.

Mehrstoffkocher können neben Benzin (12 kcal/g, Verbrauch ca. 12 g für einen Liter heißes Wasser) auch mit anderen flüssigen Brennstoffen wie Diesel, Kerosin oder Petroleum oder je nach Modell auch noch mit Gas betrieben werden, was vor allem auf langen Touren in entlegenen Gegenden oder bei Temperaturen unter 0°C von Vorteil ist und Benzin oder Diesel sind auch weltweit erhältlich. Die Kocher sind allerdings technisch aufwendig und schwer (ca. **500 g**) und auslaufsichere Brennstofftransportflaschen müssen mitgeführt werden. Als Fluggepäck (abhängig von der Fluggesellschaft) kann die Mitnahme von Multifuelkocher verweigert werden, da Brennstoffreste im Kocher als Gefahr angesehen werden können. Gute Mehrstoffkocher gibt es von den Firmen Optimus, z.B. das Model Nova, Gewicht ca. **460 g**, von Primus der OmniLite Titan, ca. **510 g** oder von MSR der Whisperlite Universal, ca. **550 g**.

Faustregel: Für die Berechnung der mitzunehmenden Brennstoffmenge sollte man pro Tag/Person ca. einen Liter heißes Wasser rechnen. Man muss das Wasser nicht zum Sieden erhitzen, meistens ist es ausreichend, wenn das Wasser ca. 80°C erreicht (Wasserdampfblasen steigen auf).

Hinweis. Der Kocher sollte auf einer ebenen Fläche platziert werden und die Umgebung muss frei sein von leicht brennbarem Material und man sollte ggf. Wasser zum Löschen bereithalten, falls der Kocher umkippt. Um Brennstoff zu sparen, sollte der Kocher zusätzlich zum mitgelieferten Windschutz an einer windgeschützten Stelle aufgestellt werden.

Das Feuermachen (die Flamme eines Kochers gilt als „offene Flamme") am gewählten Lagerplatz kann verboten sein, abhängig von den gesetzlichen Regelungen und der Witterung, insbesondere bei Trockenheit. Es obliegt in der Verantwortung des Wanderers, sich vorab zu informieren, wo das Feuermachen erlaubt ist.

Kochutensilien

Kleine Töpfe sind völlig ausreichend auf einer Tour, man kann kleinere Gerichte auch nacheinander zubereiten. Töpfe aus Titan sind sehr leicht, brennen aber leichter an, Titantöpfe mit robuster Teflonbeschichtung brennen weniger leicht an und sind leicht sauber zu machen. Ein Topfvolumen von ca. 650 ml wie z.B. die Toaks Kochtasse 650 ml mit Deckel (**80 g**) ist für eine Einzelperson und ein 1.3 l Topf zu zweit ist ausreichend, z.B. der Evernew Titan Non-Stick Topf 1.3 L, **164 g**. Töpfe aus hart anodisiertem

Aluminium wie z.b. der GSI Outdoors Alutopf Halulite Boiler 1.1 L, **202 g** sind auch leicht. Ein Topfgriff, z.b. der GSI Outdoors MicroGripper, **14 g** anstelle einer klassischen schweren Topfzange reicht völlig aus.

Besteck, Teller und Tasse

Zubereitete Nahrungsmittel aus hygienischen Gründen sollten immer mit Besteck gegessen werden, vor Insekten geschützt sein und die Hände sollten als wichtigste Regel immer bei der Zubereitung sauber sein, um **Magen-Darm-Infektionen** zu vermeiden. Über unzureichend gereinigte Hände können Krankheitserreger auf Lebensmittel übertragen werden. Hände sollten deshalb gründlich gewaschen und sorgfältig abgetrocknet werden.

Nach jedem Toilettengang, vor dem Essen, nach dem Kontakt mit Abfällen, nach dem Niesen oder Naseputzen, nach dem Kontakt mit Tieren oder deren Fressgefäße die Hände mit Seife oder Desinfektionsgel waschen.

Unterwegs kann man z.B. Titanbesteck benutzen, z.B. den Light my Fire Titan Spork, **17 g**, den Snow Peak Spork, **16 g** oder eine Titanlöffel/Gabel-Kombination, ca. **30 g**. Solches Titanbesteck ist sehr leicht, stabil, langlebig, klein verpackbar und lässt sich unterwegs überall mitnehmen. Alternativ lässt sich Besteck auch aus ungiftigem Holz schnitzen. Teller aus Titan z.B. von der Firma Snow Peak mit 19 cm Durchmesser, **62 g** sind auch langlebig und können auch notfalls zum Braten benutzt werden.

Ein Taschenmesser als Ergänzung wie z.B. das Schweizer Taschenmesser Modell Camper, **75 g** mit Zweihandöffnung ohne Feststellmechanismus der Klinge sowie mit nützlichen Werkzeugfunktionen ist in der Regel überall auf Touren erlaubt mitzuführen. Es empfiehlt sich auch, eine faltbare Waschschüssel (10 l Volumen, Dimension verpackt 2 cm x 10 cm, z.B. von der Firma Sea to Summit) zum Reinigen von Geschirr mitnehmen, wobei das Gewicht mit **50 g** pro Schüssel nicht relevant ist. Alternativ kann man das Geschirr sofort nach Benutzung auswischen, mit klarem Wasser reinigen, am besten mit heißem Wasser. Spülmittel ist dann meist nicht nötig.

Hinweise: Nahrungsmittelabfälle entfernt vom Lager entsorgen oder mitnehmen. Schmutziges Geschirr nicht in Zeltnähe lagern und säubern. Keine Nahrungsmittel im Zelt lagern, unerreichbar für Tiere aufhängen.

Wassertransport und Wasserreinigung

Für die Wasseraufbewahrung und Transport im Rucksack eignen sich Behälter aus flexiblem oder starrem Material.

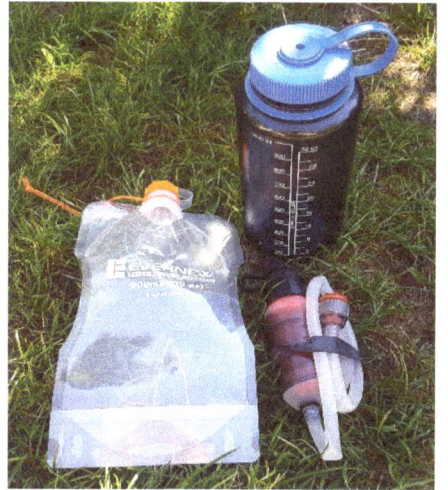

Faltflaschen werden meist aus Polyethylenlaminat hergestellt, mit typischen Volumen von 1 bis 3 l und Gewicht von ca. **30-40 g**, sind leer leicht zu transportieren, nehmen im Rucksack kaum Platz ein und passen sich dem jeweiligen Wasservolumen an. Für den Dauergebrauch sie allerdings weniger geeignet, da durch wiederholte Faltungen Knickstellen entstehen und die Beutel undicht werden.

Evernew 900 ml Wasserbeutel, Nalgene 1 l Weithalsflasche und MSR Trailshot MicroFilter

Sehr gut geeignet sind beispielsweise die BPA freien Platy Bottle von der Firma Platypus mit 2 l Volumen, **40 g**, die Platypus SoftBottle mit 0.5 l oder 1 l Volumen, ca. **40 g** oder die BPA freien Evernew Beutel von der japanischen Firma Evernew, erhältlich in den Volumen 0.6 l (**26 g**), 0.9 l (**28 g**) oder 2 l, (**42 g**), welche zudem bis 90°C hitzestabil sind und einen unverlierbaren antibakteriellen Trinkschraubverschluss haben.

Hervorragend geeignet sind die sehr robusten bis 100°C hitzestabilen Weithalsflaschen aus BPA freiem Polycarbonat in unterschiedlichen Größen von z.B. Nalgene mit z. B. 1 l Volumen, gutem unverlierbarem Deckel und **180 g** Gewicht. Alternativ kann man auch PET-Flaschen benutzen, welche für ca. 3 Monate Dauergebrauch stabil genug sind, ca. **40 g** für eine Ein-Liter-Flasche. Trinkblasensysteme sollte man vermeiden, da man die verbrauchte Trinkwassermenge schlecht beurteilen kann.

Möchte man nicht den Tagesvorrat (abhängig von der Tour) an Wasser im Rucksack transportieren (1 l Reserve ist immer angebracht) und ist in humiden Klimazonen unterwegs, hat man selten ein Problem Wasser zu finden. Die Verfügbarkeit muss vor der Tour recherchiert werden. Seen, Flüsse und Bäche sind in offenem Gelände meist von Weitem sichtbar, in dichten Waldgebieten sind Wasserquellen öfters schwieriger zu finden und müssen gezielt aufgesucht werden.

Filtern ist eine universale Reinigungsmethode, um Wasser aus solchen Quellen zu reinigen, da je nach Filtermedium mit hoher Filtergeschwindigkeit alle Arten von Keimen, Parasiten und Trübungen entfernt werden und der Geschmack nicht verändert wird. Zuverlässigkeit, große Filteroberfläche und Minimierung der Kreuz-kontamination, sowie die zu erwartende Rohwasserqualität auch nach Regenfällen (feine Trübungspartikel verstopfen oft die kleinen, leichten Filter) sollten die wichtigsten Auswahlkriterien sein. Die Abschätzung der benötigten Wassermenge unterwegs und das Reinigen von Wasser unterwegs sind vom Autor im Buch „Trinkwasserversorgung und Hygiene unterwegs" beschrieben (s. Lit. 22).

Für *klares oder leicht trübes* Wasser eignen sich z.B. der MSR TrailShot MicroFilter, **140 g**, der Platypus Gravity Works 2 l Bottle Set, **269 g** oder der DrinkPure Filter, **150 g**. Bei einem Verbrauch von ca. 3 l pro Tag und z.B. vier Wochen Gebrauch im Jahr reicht die Filterkapazität selbst für kleine Gruppen (bis zwei Personen) mindestens für 2-3 Betriebsjahre, selbst wenn die angegebene Hersteller-Filterkapazität nicht erreicht wird. Bei *trübem* Wasser und Virenverdacht, vor allem in Reisegebiete mit geringen Hygiene- und Sanitärstandards reduziert sich die Auswahl an Filtern für unterwegs z.B. auf den MSR Guardian Purifier Pump mit einer Pumpleistung von bis zu 2.5 l/min und einem von Gewicht **490 g**. Das relativ hohe Gewicht ist bei einer Versorgung mit Wasser einer kleineren Trekkinggruppe (grösser als zwei Personen) unerheblich, da nicht jeder einen Wasserfilter mitnehmen muss.

Proviant

Energiebedarf

Der tägliche Energiebedarf wird aus den Bestandteilen Kohlenhydrate (ca. 4 kcal/g), Fette (ca. 9 kcal/g) und Eiweiß (ca. 4 kcal/g) sowie Ballaststoffen (0-1 kcal/g), Mineralstoffen und Vitaminen zusammengesetzt. Kohlenhydrate liefern schnell Energie, Fette langanhaltende Energie, welche aber nicht so schnell zu Verfügung steht, Eiweiß kann auch zur Energieversorgung dienen, ist aber für den Muskelaufbau und Zellaufbau entscheidend. Ballaststoffe sind für eine gute Verdauung wichtig. Ein wichtiger Mineralstoff auf der Tour ist Kochsalz, welcher durch Schwitzen ausgeschieden wird und ersetzt werden muss. Jeder Mensch hat einen individuellen Energiebedarf und hat Vorlieben für die verschiedenen Nahrungsbestandteile. Der menschliche Körper ist zudem sehr anpassungsfähig, wenn er nicht jeden Tag eine ausgewogene Menge Kohlenhydrate, Eiweiß und Fett bekommt. Für die Berechnung der benötigten Nahrungsmittelmenge für eine Tour kann der Gesamtumsatz der Energie des menschlichen Körpers in 24 h als Leitfaden dienen.

Der *Grundumsatz* ist die Energie, welche notwendig ist, um die Lebensfunktionen 24 h aufrechtzuerhalten. Der Grundumsatz hängt vom Geschlecht, Gewicht und Alter ab und liegt typischerweise bei Männern bei ca. 1670 kcal/Tag, (70 kg, 172 cm, 20-50 Jahre) bei Frauen bei ca. 1370 kcal/Tag, (60 kg, 165 cm, 20-50 Jahre).

Der *Leistungsumsatz* besteht in der zusätzlichen körperlichen oder geistigen Arbeit. Bei moderater oder sehr hoher körperlicher Anstrengung kann der Leistungsumsatz bis zum Dreifachen des Grundumsatzes betragen. Der *Gesamtumsatz* ist die Summe des Grundumsatzes und des Leistungsumsatzes. Der Gesamtumsatz eines typischen Tourentages mit einem ca. 7 kg Rucksack auf ca. 20 km Strecke in bergigem Terrain beträgt ca. 3500 kcal für Männer.

Ab einer Tourenlänge von mehr als zwei Tagen ohne Hüttenaufenthalt oder Verpflegungsmöglichkeit sollte man eine Proviantplanung aufstellen.

Haltbare Lebensmittel mit hohem Energiegehalt und geringem Gewicht

Um Gewicht zu sparen, sind Nahrungsmittel mit hohem Trockengehalt die beste Wahl, diese lassen sich auch ungekühlt transportieren und sind lange haltbar. Man kann die folgenden Trockennahrungsmittel sehr gut in Ziplockbeutel verpacken, statt diese in der meist voluminösen Originalverpackung mitzuführen, auch lassen sich die folgenden Lebensmittel fast überall kaufen:

Kohlenhydrate: Kleinblättrige Haferflocken, Kartoffelbreiflocken, Polenta, Couscous, gedörrte Früchte, Mehl für Brotfladen. Energiegehalt ca. 350- 400 kcal/**100 g**.

Fette und Öle: Eipulver, Sahnepulver, Milchpulver, Nüsse, Studentenfutter, Schokolade, Schmalz oder festes Pflanzenfett (lässt sich leichter transportieren als Öle). Energiegehalt ca. 800 kcal/**100 g**.

Eiweiß: Trockenfleisch, kleine Fischkonserven (in Öl), Salami, feines Sojagranulat, getrocknete Linsen oder Erbsen. Energiegehalt ca. 350 kcal/**100 g.**

Ungekühlt haltbare Lebensmittel für unterwegs:
v.l.n.r. hinten: Linsen, Haferflocken, Polenta, Cous-
cous, Hartweizengries
v.l.n.r. vorne: NRG-5, Trekkingkekse, Studentenfut-
ter, Fischkonserve, Pflanzenfett, Milchpulver

Als zusätzlich Energielieferanten sind Trekkingkekse (ca. 450 kcal/**100 g**), Weizenriegel BP-5 oder NRG-5 (ca. 400 kcal/**100 g**) sehr praktisch, da diese trocken oder mit Wasser versetzt als Brei gegessen werden können. Auch Kartoffelbreiflocken, Polenta und Couscous können mit kaltem Wasser gequollen werden. Gefriergetrocknete Treckingmahlzeiten (ca. 400-500 kcal/**100 g**) können

für kurze alpine Touren eine Alternative sein. Tee und gefriergetrockneter Kaffee sowie eine Gewürzstreudose mit unterschiedlichen Gewürzen (ca. **20 g**) nehmen praktisch keinen Platz weg. Gewürze verbessern den Geschmack der zubereiteten Lebensmittel erheblich.

Eine typische Tageszusammenstellung ist folgende:

Frühstück: Schokomüsli mit Sahne- oder Milchpulver. *In Pausen und mittags:* Studentenfutter, Schokolade, und Müsliriegel (Müsliriegel können auch selbst im Voraus hergestellt werden, entsprechende Anleitungen gibt es im Internet). *Abends:* Grießbrei, Fisch oder Fleisch mit Pflanzenfett als lange anhaltende Energiequelle. Durch die körperliche Anstrengung und den erhöhten Energiebedarf erhöht sich in der Regel der Fettanteil bei der Tageszusammenstellung bis zu 40 % anstelle der üblichen ca. 20 % und der Eiweißanteil erniedrigt sich. Auch Vorlieben für bestimmte Nahrungsmittel ändern sich auf einer längeren Tour.

Faustregel: Pro Tag mit ca. **500-600 g** Nahrungsmittel rechnen.

Bekleidung

Unterkühlung gehört im Outdoorbereich zu der häufigsten Unfallursache und die Bekleidung muss daher den Witterungsbedingungen angepasst werden. Das bekannte Zwiebelprinzip mit mehreren Schichten ist optimal für jede Wetterbedingung, um unterwegs nicht zu überhitzen oder auszukühlen.

1. Bekleidungsschicht: Funktionsunterwäsche

Funktionsunterwäsche aus nicht kratzender reiner Merinowolle oder Merinowollemischgewebe (Wollanteil grösser als 80%) ist von Natur aus klimaregulierend und die Wäsche kann bei Bedarf auch bedenkenlos mehrere Tage am Stück getragen werden, während synthetische Fasern zwar leicht trocknen aber trotz geruchshemmender Zusätze nach ca. 1-2 Tagen bereits riechen. Funktionsunterwäsche (Kurzarm-/Langarmhemd, kurze/lange Unterhosen) aus Merinowolle kühlt den Körper bei Hitze und spendet bei kalten Temperaturen Wärme. Merinowolle nimmt bis zu ca. 30 % Wasser auf und fühlt sich trotzdem nicht feucht an. Merinowolle ist zudem schwer entflammbar und weist einen Lichtschutzfaktor von bis zu 50 auf. Bei Kälte ist es sinnvoller, zwei dünne Teile Funktionsunterwäsche zu tragen als eine einzelne stark isolierende Funktionsunterwäsche. Funktionsunterwäsche sollte körpernah geschnitten sein, damit diese in ihrer Funktion auch effektiv ist. Oberteile wiegen in **150 g**/qm Stärke ca. **150-170 g**, lange Unterhosen ca. **160 g**, Shorts ca. **40 g**. Die Unterwäsche kann auch als Schlafanzugersatz dienen. Gängige Hersteller sind z.B. Icebreaker, Ortovox, Devold und Smartwool.

2. Bekleidungsschicht: Wärmeschutz

Auch hier ist Merinowolle oder Merinowollemischgewebe für Shirts und Hemden das bevorzugte Material. Modische Shirts und Hemden (Langarmversion bevorzugt als Sonnenschutz) wiegen ca. **170-220 g**. Dünne Fleecepullover (**200 g**/qm Stärke), ca. **250 g,** komplettieren diese Schicht. Ruhebekleidung: Wärmejacken aus Daunen oder Kunstfaser sind abends, beim Rasten und beim ungeplanten Biwak ein wichtiges Kleidungsstück. Diese sollten eine Kapuze haben, Wasser- und Wind abweisend sein, das Gewicht solcher Jacken beträgt ca. **220-320 g**. Daune isoliert bei Nässe nicht mehr im Gegensatz zu Kunstfasern. Eine gute Wärmejacke ist z.B. die Patagonia Micro Puff Hooded Jacket, **250 g**, welche bis ca. 0°C bei Ruhen noch warm ist. Andere Hersteller von leichten Wärmejacken mit Kapuze sind z.B. Yeti, Raab oder Arcteryx.

Wanderhosen mit Gürtelschlaufen können aus Kunstfasermaterial sein, sollten einen guten Tragekomfort aufweisen, winddicht und ggf. mückendicht sein und Wasser abweisende Eigenschaften haben, damit man die meist schwitzige Regenhose nicht anziehen muss. Dichter, isolierender Stoff führt leicht zum Wärmestau. Hosen mit vielen Taschen behindern das Laufen, abzippbare Hosen können die Haut scheuern. Typische Kunstfaserhosen haben ein Gewicht von ca. **240-300 g**, ein leichter Gürtel aus Kunstfaser mit Fastexschnalle wiegt ca. **60 g.** Kurze Laufhosen (ca. **130 g**) bei warmen Außentemperaturen sind eine gute Ergänzung.

Hinweis. Regel für Ersatzkleidung: Zu jederzeit sicherstellen, dass genügend trockene Ersatzkleidung wasserdicht verpackt für widrigste Umstände vorhanden ist.

Tipp: Für das Waschen von Kleidung unterwegs ab einer Tourenlänge von ca. 5 Tagen ist der Scrubba-Washbag von der australischen Firma Scrubba, - eine kleine und effektive „Hand-Waschmaschine" - empfehlenswert, mit einem Volumen von 30 l und Gewicht von **182 g.** Der Washbag eignet sich auch sehr gut zum trockenen Aufbewahren von Ersatzwäsche, ebenso praktisch ist eine Gummi-Expanderleine zum Wäsche aufhängen ohne Wäscheklipps von Relags, Gewicht **20 g.**

3. Bekleidungsschicht: Regenbekleidung

Regenjacken

Moderne Leichtwetterschutzjacken mit guter Kapuze, hoher Wasserdampfdurchlässigkeit, Belüftungsmöglichkeiten und wasser- und winddichter Membrankonstruktion halten dem Leichtrucksackgewicht auf längeren Touren ohne Problem stand und wiegen ca. **240-300 g.** Eingriffstaschen sollten so gesetzt sein, dass diese nicht vom Rucksackhüfttragegurt verdeckt sind. Wichtig ist, dass die Jacke bei Verschmutzung gereinigt und gut nachimprägniert wird, damit die Funktionsfähigkeit erhalten bleibt, weil sich sonst der Oberstoff mit Wasser vollsaugt und die Atmungsaktivität eingeschränkt wird. Sehr gute Leichtjacken sind z.B. die Montane Minimus Mountain Jkt, die Haglöfs L.I.M. III Jkt, oder die Arc'teryx Alpha FL Jacke.

Ponchos

Ponchos sind eine Alternative zu Regenjacken, da diese auch die Beine vor Regen schützen und bei entsprechender Größe auch den Rucksack abdecken. Allerdings sind Ponchos in der Regel nicht atmungsaktiv, werden aber von unten gut belüftet. Ein Nachteil ist, dass Ponchos im Wind flattern. Für modebewusste Wanderer sind Ponchos nicht zu empfehlen.

Regenhosen

Regenhosen können aus leichtem atmungsaktivem Material sein, da man diese nur selten trägt, wobei abgedeckte Seiten-Reißverschlüsse an den Hosenbeinen das Anziehen der Hosen mit Schuhen erleichtern (z.B. Montane Minimus Pants, **145 g,** oder Marmot Precip Pant, **235 g**).

In Gegenden mit hoher Luftfeuchtigkeit und Temperatur ist ein leichter und robuster Outdoor-Regenschirm für den Regenschutz besser geeignet, da die erforderliche Wärmedifferenz zum Transport der Feuchtigkeit von innen nach außen bei Membranjacken und Membranhosen nicht mehr gegeben ist.

Mütze/Sonnenschutz/Handschuhe

Ein Käppi mit ggf. Nackenschutz ist Pflicht bei starker Sonneneinstrahlung und zum Schutz vor Überhitzung des Kopfes. Ein sehr leichtes Modell ist z.B. die Chaskee Reversible Cap, Gewicht **40 g** aus lichtundurchlässigem Stoff. Der Schirm ist aus Neopren und damit klein zusammenfaltbar. Schlauchtücher als Halstuch, Mütze oder Gesichtsschutz bei Wind und Frost aus Merinowolle oder hochwertigen Mikrofasern sind nützliche Begleiter, zeichnen sich durch gute Temperaturregulierung und angenehmes Feuchtigkeitsmanagement aus. Die leichten Schlauchtücher wiegen durchschnittlich zwischen **30** und **60 g**.

Einfache Fingerhandschuhe aus Synthetik-Material oder Merinowolle (ca. **30 g**) mitzuführen ist auch sinnvoll, wenn die Temperatur unter ca. 5°C fällt oder zum Schutz der Hände beim Zeltaufbau oder beim Hantieren mit heißen Gegenständen.

Schuhe und Socken

Prinzipielles zum Schuhwerk und Gelände

Das Schuhwerk muss dem Touren-Gelände entsprechend angepasst sein. Zum Gehen bedarf es Schuhe, die die Füße schützen und gleichzeitig eine uneingeschränkte Bewegungsfreiheit und maximale sensorische Rückmeldung an den Bewegungsapparat ermöglichen. Die Sohle muss griffig sein und für einen guten Halt auf verschiedensten Untergründen sorgen. Sie muss dabei jedoch flexibel und dünn genug sein, mit minimaler Dämpfung, damit das fußsensorische System den Untergrund erfassen kann und Schuhe sollten ein möglichst geringes Eigengewicht aufweisen.

Wanderwege in der Schweiz, Österreich und Deutschland verlaufen meist abseits von Straßen und weisen in der Regel keine Asphalt- oder Betonbeläge auf. Steilere Passagen sind mit Stufen und kritische Stellen werden mit Geländern gesichert und können in der Regel mit leichtem Schuhwerk begangen werden. Diese Wanderwege stellen daher keine besonderen Anforderungen an die Benützer dar. Bergwanderwege mit T2-T3 Schwierigkeitsgrad (Schweizer Skala, www.sac-cas.ch, in Deutschland entsprechend T2-T3 und in Österreich blau und rot markierter Bergweg) sind Wanderwege, welche teilweise unwegsames Gelände beinhalten. Sie sind überwiegend steil und schmal angelegt und teilweise exponiert. Besonders schwierige Passagen sind gesichert und solche Wege erfordern in der Regel aber keine schweren Trekkingschuhe, aber Schuhwerk mit gutem Profil. Für andere Länder muss vor der Tour das Gelände der Tourenwege recherchiert werden. Für das Hoch-Alpinwandern oder Touren in unbefestigtem, unwegsamem Gelände (T4-T6 Grad), über Schneefelder und Gletscher, über Geröllhalden oder über Felsen sind ggf. steigeisenfeste Treckingstiefel/Bergschuhe ein Muss.

Eine Studie der Universität Innsbruck (s. Lit. 24) über Unfälle durch Ausrutschen und Stolpern und Stürzen beim Wandern ergab, dass ca. 75 % aller Stürze während des Abstiegs passieren, unabhängig davon, ob man nun halb flache Schuhe oder Wanderstiefel trägt. Die körperliche Verfassung lässt am Ende einer Wanderstrecke nach und es ist daher wichtig - wie im Kapitel „Physiologie des Tragens von Lasten über lange Distanzen" dargelegt- auf die entsprechenden Signale der Ermüdung zu achten. Die Aufmerksamkeit auf die Bodengeländeform und das Balance-Gefühl kann durch entsprechendes Schuhwerk und Training verbessert werden.

Leichtes Schuhwerk

Auf normalen Wanderwegen und Bergwanderwegen bis ca. T1-T2, für Geübte bis T3 sind Minimal-Wanderschuhe oder Trailrunningschuhe bei leichtem Gepäck nach einem entsprechenden Umstellungstraining, bei Trittsicherheit und Erfahrung eine gute Wahl.

Das Gewicht von Minimal-Wanderschuhen bewegt sich in der Regel im Bereich zwischen **150** und **250 g**/Schuh. Zum Vergleich: Trekking- und Wanderstiefel wiegen bis zu ca. **700 g**/Schuh. Mittel- und langfristig stärken solche Minimal-Wanderschuhe die Muskulatur, verbessern die Koordination und entlasten die Gelenke. Entsprechende Schuhe für einen sicheren Halt und einen festen Tritt gibt es von Vibram FiveFingers, die Trail- und Trekmodelle (ca. **340 g**/Paar) für schwieriges Gelände. Das An- und Ausziehen der Schuhe ist am Anfang gewöhnungsbedürftig. Von Vivobarfoot gibt es z.B. die Modelle Hiker Firm Ground und den wasserdichten Tracker Ground, welche sich für leichtes bis schwieriges Gelände eignen. Für einfache, flache Wanderstrecken eignen sich z.B. die Lizard Kross Scramble der Firma Lizard, Italien mit einer 4 mm Sprengung oder z.B. die Leguano Aktiv der Firma Leguano ohne Sprengung.

Einfache Wander- bis mittelschwere Bergwege (bis ca. T3) sind mit Trailrunningschuhen gut zu wandern, welche einen Aufbau und Stabilität für die entsprechende Geländeart haben. Trailrunningschuhe mit einem Gewicht von ca. **250 g**/Schuh sollten eine flexible Sohle mit gutem Profil, geringer Dämpfung und minimaler Sprengung aufweisen. Wasserdichte Membranen vermindern die Ventilation und die Schuhe brauchen länger zum Trocknen. Die Haltbarkeit ist meist unter 1000 km. Einfache Klettereien sollten sich dabei aber auf ein Minimum beschränken oder nicht vorhanden sein.

Trekking-Minimalsandalen sind auch optimal für Wanderungen und Bergwanderungen bis ca. T2 für Geübte im Sommer, aber auch im Frühjahr und Herbst bis ca. 10°C, da der Fuß weniger schwitzt und die Blasenbildung stark reduziert wird. Je fester der Fußhalt und je griffiger das Profil, desto eher lassen sich Sandalen im leichten Gelände und auch auf Wanderwegen und einsetzen. Lunasandalen, ca. **370 g**/Paar (www.Lunasandals.com, USA) oder Bedrocksandalen, ca. **460 g**/Paar (www.Bedrocksandals.com, USA) mit flexibler Sohle und ohne Sprengung mit flexibel einstellbaren Rist-, Fersen- und Zehenriemen sind für Wanderungen im unebenen Gelände sehr gut geeignet, verrutschen auch beim Abstieg kaum und halten ohne Problem mehr als 1800 km. Wo die Sandale sicher Nachteile hat, ist der Schutz des Fußes gegen herabrollende Steine oder spitze Äste usw. Viele Weitwanderer benutzen diese Sandalen z.B. auf dem PCT-Trail oder dem Pacific Northwest Trail.

Je nach Tourentyp sollte man immer daran denken Ersatzschuhe mitzunehmen, zum Durchwaten eines Bachs, bei nassen Schuhen, wenn man Sandalen trägt oder zum Tragen in der Unterkunft.

Grundsätzlich kann man auf jeder kürzeren Wanderung auf Wanderwegen barfuß wandern. In der Schweiz, Österreich und Deutschland gibt es entsprechende Wanderrouten, im Literaturverzeichnis sind Adressen gelistet. Bei stärkerer mechanischer Belastung auf rauen Oberflächen bildet der Körper nach etwa drei Wochen eine Lederhaut an der Fußsohle. Nach etwa sechs bis acht Wochen regelmäßigen Barfußgehens ist die Lederhaut bis zu ca. zwei cm dick und man kann auch kurze Strecken auf leichtem Schotter und anderen rauen Oberflächen unbeschadet gehen.

Dabei gibt es einige Regeln zu beachten: Wenn die Sohlen unterwegs anfangen zu schmerzen oder bei einer Unsicherheit, dann sollte man Schuhe anziehen (diese immer im Rucksack mitführen). Rastplätze barfuß meiden, da hier oft Scherben, Aludosendeckel u.a. herumliegen, die den Fuß verletzen können. Auf Wiesen können Bienen und Wespen oder dornige Pflanzen vorhanden sein. Bei hoher Bodentemperatur kann man sich die Fußsohlen verbrennen, bis ca. 10°C kann man auch bei trockenem Boden gut gehen. Bei Nässe kann man sehr schnell ausrutschen. In manchen tropischen Regionen gibt es Parasiten wie z.B. Sandflöhe oder Bilharziose. Die Infektion erfolgt meist unbemerkt durch Hautdurchdringung, bei Bilharziose, wenn Menschen im Wasser baden oder am Wasser barfuß gehen. Für Personen mit Diabeteserkrankung ist barfuß gehen ungeeignet.

Socken

Beim Laufen ist der Wanderschuh nur in Kombination mit funktionellen Socken angenehm zu tragen, ausgenommen sind Minimalwanderschuhe. Schlechtsitzende und rutschende Socken führen zu Faltenbildung, was wiederum zu Druckstellen, Scheuerstellen und Blasen an den Füßen führen kann. Socken müssen an den Zehen, an der Ferse und am Schaft optimal sitzen. Neue Schuhe und Sockenkombination müssen vor einer Tour eingelaufen werden. Socken aus Merinowolle bieten eine gute Kombination aus Feuchtigkeitsmanagement und Wärmeleistung. Die

Merinowollsocken wärmen auch im feuchten Zustand und behalten ihre geruchshemmende Eigenschaft für mehrere Tage.

Socken aus synthetischen Materialien sind pflegeleicht und trocknen sehr schnell, riechen aber schneller. Socken aus einer Kombination von Kunstfasern und Merinowolle können die Vorzüge beider Materialien verbessern. Kurze Socken mit mittlerer Isolierung wiegen um die **30-40 g**/Paar. Auch hier kann man das Schichtenprinzip anwenden: Man zieht bei Kälte 2 dünne Socken übereinander an, mit dem weiteren Vorteil, dass auch die Reibung vermindert wird. Auch trocknen dünne Socken schneller als dicke Socken. Nasse Socken immer wechseln, Reservesocken mitnehmen und nasse Schuhe trocknen. Empfindliche Stellen vor der Tour z.B. mit dem Anti-Chafing Mittel Pjur active (www.pjuractive.com) auftragen. Dieses Mittel bildet mit der obersten Hautschicht einen widerstandsfähigen, atmungsaktiven Schutzfilm, ist wasser- und schweiß resistent und reduziert Blasenbildung und potentielle Scheuerstellen stark. Blasenpflaster bei entstehenden Blasen frühzeitig benutzen.

Sonstige Ausrüstung

Orientierung

Das meist genutzte Hilfsmittel zur Orientierung unterwegs sind mit Abstand die Wegweiser und Markierungen im Gelände sowie Wanderführer auf bekannten Tourenrouten. Digitale topografische Karten und Bilderdaten von Satelliten vom Reisegebiet können in Verbindung mit dem Smartphone oder GPS-Gerät die Tourenplanung vereinfachen und während der Tour ausgezeichnet zur Orientierung in weniger erschlossenen Routen benutzt werden. Das Kartenmaterial muss auch offline ohne ständigen Internetzugang benutzt werden können und auf einer Micro-SD Speicherkarte gespeichert werden können. Es sollte als Backup auch auf dem Smartphone der Reisepartner gesichert werden. Die GPS- und Navigationsapps Komoot, Locusmap, Ortovox, Viewranger, Outdooractive und die kostenpflichtigen SchweizMobil oder Swissmap mobile Apps speziell für die Schweiz für Smartphones bieten die Möglichkeit, Kartenmaterial zu kaufen oder kostenloses Opensource Kartenmaterial zu benutzen. Smartphones sollten in einer wasserdichten und weichen Hülle verpackt werden, besser sind allerding wasserdichte und stoßgedämpfte Boxen z.B. von den Firmen Peli oder Otter.

GPS-Geräte bieten eine bessere und eine ausgefeilte GPS-Empfangstechnik, sind wesentlich robuster als Smartphones, wasserdicht, haben eine lange Betriebslaufzeit bis zu einer Woche mit Batterien oder Akkus und wiegen ca. **230 g** mit Batterien. Es sind unterschiedliche Koordinatenformate und Kartendatumformate verfügbar für Kartenmaterial, welche in der Regel nicht auf dem Smartphone zu Verfügung stehen und GPS-Geräte weisen mehr Funktionen auf, wie z.b. eine ausgefeilte Trackaufzeichnung, Routenführung und Umkehrrückführung, barometrischer Höhenmesser, Drei-Achsen-Kompass, oder die drahtlose Verbindung mit dem Smartphone. Professionelles Kartenmaterial und Wetterdaten gibt es für praktisch jede Region der Welt, auch Seekarten für z.B. Küstenwanderungen können auf einen Micro-SD-Speicherchip geladen werden.

Trotzdem muss für eine Orientierung eine Navigationsredundanz *immer* verfügbar sein, da Akkus defekt sein können, der Stromspeicher ist schnell erschöpft, Wasser dringt in das Gerät oder das Gerät wird beim Sturz irreparabel beschädigt.

Dazu gehören Papierkarten im 1:50`000 oder 1:100`000 Maßstab (ca. **100 g**) und ein einfacher Kompass, ca. **5-8 g**. Karten bieten bei der Routenplanung eine bessere Übersicht als der kleine Smartphone-Bildschirm. Das ist vor allem bei der Planung der Tour oder der Bestimmung von Alternativrouten von Vorteil. Für anspruchsvolle Kartenarbeit braucht es ein Kompass mit Kartenanlegekante, Spiegel, Inklination und Deklinationkorrektur, verschiedene Kartenskalen, Lupe und Nachtablesebarkeit sowie einen Planzeiger und einen Schrittzähler. Entsprechende Kompasse gibt es von den Firmen Silva oder Suunto und wiegen ca. **74 g**.

Das Basisverständnis der Kartenarbeit sollte zu Hause geübt werden, auch improvisierte Navigations-Methoden. Empfehlenswerte Techniken der Orientierung mit Karte, Kompass und GPS sind im Taschenbuch von Wolfgang Linke beschrieben (s. Lit. 23) oder im kostenlosen PDF- Faltblatt über Kartenlesen, Zeichenerklärung, Kompass und Smartphone-Karten beim Schweizer Bundesamt für Landestopografie (www.swisstopo).

Elektronik und Stromspeicher

Smartphones als Reise -und Wanderführer, als Karte und Notrufsender sind auf Tour eine große Hilfe, ebenso wie GPS-Geräte, Kopflampe und Kamera, aber nur, solange der Akku hält. Nach meist 24 h intensiver Nutzung sind die Stromspeicher geleert. Hier hilft nur sparsames nutzen der

Geräte und den Stromsparmodus einzuschalten. Zum Betreiben der Geräte länger als zwei Tage sind allerdings Powertanks zum Nachladen erforderlich.

Mit dem Powertankmodell F2 USB-Lader von der Firma Nitecore können ein oder zwei Lithiumionenrundzellenakkus von unterschiedlichen Typen geladen werden, und anschließend als Powerbank genutzt werden, das Leergewicht der Powerbank beträgt nur **46 g**. Der häufig verwendete 18650-Lithiumionenrundzellenakku mit ca. 12 Wh (3500 mA) wiegt ca. **48 g**, sodass das Powertank mit zwei Akkus **142 g** wiegt. Es empfiehlt, sich das Ladegerät in einem Ziplockbeutel als Nässeschutz aufzubewahren. Ein Vorteil des Ladegeräts ist es, dass man die Akkus für andere elektronische Geräte mit 18650-Akkutyp Energieversorgung verwenden kann und dass man defekte Akkus wechseln kann, ohne die Powerbank entsorgen zu müssen. Eine Alternative ist z.B. das wasserdichte und stoßfeste Venture 30 von Goal Zero, 7800 mA, **250 g**. Mit dieser Kapazität lässt sich das Smartphone ca. zwei- bis dreimal aufladen (benötigt ca. 10 Wh/Aufladung), Kopflampen und GPS-Gerät ca. dreimal (eine AA Mignon Akkubatterie benötigt ca. 5 Wh, eine AAA Micro Akkubatterie ca. 2.5 Wh). Größere Powertanks bis 24`000 mA, ca. 100 Wh, wiegen bis zu **480 g**. Lithiumionenakkus müssen bei Flugreisen im Handgepäck mitgeführt werden.

Oben: Solarpanel 5W
Mitte: USB Datenkabel, Powerspot Micro
Unten: Nitecore F2- Lader, Petzl Bindi,
UBS Olight Magnetladekabel

Ist man länger als ca. 4 Tage autark unterwegs, kann man ein Solarladegerät mitführen, um die Energie der Powertanks zu ergänzen. Das Gewicht eines Solarladegeräts und ein kleiner Powertank sind dann in Summe kleiner als ein großer schwerer Powertank. Ein gutes Gerät ist z.B. der Solarlader Xtorm AP250, ein wasserdichtes Solarpanel mit 14 Watt Leistung, Dimension 310 x 155 x 26 mm, 2x USB 5V/2.1A Anschlüsse, Gewicht **315 g**. Der Lader lädt auch bei bewölktem Himmel und im Herbst/Winter. Besonders ist, dass der Ladestrom angezeigt wird und die integrierte Ladeelektronik es erlaubt elektronische Geräte direkt zum Laden anzuschließen, ohne den Umweg über eine Powerbank, welche normalerweise zum Ausgleich von Stromschwankungen bei unterschiedlicher Sonneneinstrahlung benötigt wird. Für den Sommer reicht das z.b. von der Firma Sisstech (Schweiz) das faltbare wasserdichte SF-5V-5W Solarpanel, max. 1 Ampere Leistung, **171 g**, Dimension gefaltet 20.5·10.5 cm völlig aus.

Eine Alternative ist ein thermoelektrisches Modul wie der Powerspot Micro (**290 g**) von der spanischen Firma Powerspot. Das Gerät hat die Form eines Zylinders aus einer Aluminiumlegierung mit der Dimension 85·65 mm, dessen Innenraum mit Wasser gefüllt wird und anschließend von unten mit einem Kocher oder einem kleinen Holzfeuer erhitzt wird. Das integrierte Thermoelement erzeugt bis zu 10 Wh Leistung und hat eine sehr lange Lebensdauer. Sinnvoll zum Mitführen ist auch das USB Olight UC Magnetladekabel zum Laden von allen gängigen Rundzellen-Lithiumionen Akkutypen und für AAA- oder AA-NiMH-Akkus, Gewicht ca. **21 g**. USB-Netzstecker und zwei USB Lade- und Datenkabel, Gewicht ca. **60 g** müssen für die Powerbank und Smartphone sollten immer dabei sein.

Eine Lichtquelle unterwegs ist unverzichtbar und Kopflampen haben den Vorteil beide Hände für alle Tätigkeiten frei zu haben. Eine gute Kopflampe muss eine Nah- und Fernausleuchtung aufweisen, eine einfache Bedienung auch mit Handschuhen ermöglichen und eine Lockfunktion gegen unbeabsichtigtes Einschalten haben. Ein gutes Modell ist z.B. die Petzl Actic Core, Gewicht **85 g**, mit Weiss- und Rotlicht, bis 160 h Betriebszeit, 350 Lumen Lichtleistung und variabel mit USB- aufladbarem Lithiumionenakku oder mit überall erhältlichen AAA-Alkali-Mangan Batterien, energiereichen AAA-Lithiumbatterien oder AAA-NiMH-Akkus betreibbar. Auch gut ist die wasserdichte Stirnlampe Storm von Black Diamond, Gewicht **110 g** mit Rot-, Blau- und Grünlicht, bis 160 h Betriebszeit und 300 Lumen Lichtleistung und ebenfalls mit AAA-Alkali-Mangan Batterien, AAA-Lithiumbatterien oder AAA-NiMH-Akkus betreibbar. Besonders leicht ist die Petzl Bindi, Gewicht **35 g**, mit Rotlicht, bis 50 h Betriebszeit, 200 Lumen Lichtleistung und USB aufladbarem Lithiumionenakku. Lithiumbatterien und NiMH-Akkus mit geringer Selbstentladung liefern auch bis ca. -15°C noch genügend Energie zum Betreiben der elektronischen Geräte.

Hinweis. Lithiumionenakkus vor Hitze schützen und beim Aufladen auf eine brandsichere Umgebung achten. Nur Akkus mit CE- oder GS-Prüfsiegeln verwenden.

Pflege und Hygiene

Hand- und Hautpflege

Der menschliche Körper ist darauf ausgerichtet nur mit Wasser gewaschen zu werden, damit die schützenden Hautbarrieren aufrechterhalten werden können: der Säureschutzmantel, die fetthaltige Hornschichtbarriere und eine schützende Bakterienflora, das sogenannte Mikrobiom. Schweiß, Schuppen und Staub sind gut wasserlöslich auch ohne Seife. Deshalb sollte Seife, wenn man diese verwendet, nur sparsam gebrauchen. Alkoholbasierte Desinfektionstücher oder Gele sind eine Alternative, wenn wenig Wasser zum Waschen zu Verfügung steht. Ein Mikrofaserhandtuch, 38 x 80 cm, Gewicht ca. **22 g** reicht zum Trocknen oder als Waschlappen völlig aus.

Das Benutzen von Langzeit-Deodorantcreme hält den Schweißgeruch fern. Sehr gut geeignet ist z.B. Lavilin (aluminiumfrei) der Firma Parsenn-Produkte AG (Schweiz), welche in eine kleine verschraubbare Dose abgefüllt werden sollte, Gewicht ca. **5 g**. Dieses Deodorant wurde ursprünglich für das Schweizer Militär entwickelt. Eine reiskorn-große Menge reicht aus, um die Geruchsbildung bis zu 5 Tagen zu vermindern.

Sehr gute Seifen aus der Erfahrung des Autors gibt es von der Firma Sea to Summit z.B. die Wilderness Wash Flüssigseife 40 ml, welche sich auch zum Duschen und Haarewaschen eignet oder von der Firma Dr. Bronner's die Dr. Bronner's All-ONE Flüssigseife 59 ml, welche sich zum Duschen, Haare waschen und auch Zähneputzen eignet. Es genügen wenige Tropfen Seife zur Reinigung.

Hinweis: Es muss darauf geachtet werden, dass keine Seife oder gebrauchtes seifenhaltiges Wasser in das Gewässer gelangt.

Hautpflege: Durch die Sonneneinstrahlung und trockene Luft wird die Haut in der Natur stärker an den Armen und im Gesicht beansprucht. Sehr gut geeignet ist Shea-Butter (essbar, aus den Nüssen des Karitébaumes) ohne zusätzliche künstliche Inhaltsstoffe. Diese enthält Hautbarriere regenerierende Fette, schmilzt bei Körpertemperatur und ist für trockene, rissige Haut und Lippen und auch als Kälteschutz sehr gut geeignet. Eine kleine verschraubbare Dose mit ca. **15 g** genügt für Touren. Eine Tube Sonnencreme mit hohem Lichtschutzfaktor, ca. **50 g** sollte auch immer mitgeführt werden, ebenfalls ein Kamm und Spiegel, ca. **14 g**. Wer sich unterwegs rasieren möchte, sollte einen batteriebetriebenen Trockenrei-serasierer, z.b. den Phillips PQ203/17, ca. **145 g** oder den Braun Rasierer M90, ca. **160 g** mitführen. Die Batterien oder Akkus (AA-Typ) halten ca. 2-3 Wochen.

Auch sollte ein Mittel für den Insektenschutz mit DEET- oder Icarin-Wirkstoff gegen Insekten, Zecken und andere Parasiten mitgeführt wer-den, ein Fläschchen mit Sprühkopf 10 ml, ca. **16 g** genügt in der Regel. Oh-renstöpsel, Gewicht ca. **2 g** mit Aufbewahrungsbox sind ein sinnvolles Tou-renzubehör, vor allem für Hüttentouren. Papiertaschentücher eignen sich für viele Zwecke, auch als Toilettenpapier. Auch sollten Frauen Monatshy-giene in ausreichender Menge mitführen.

Tipp. Zum Abfüllen von kleinen Mengen an Pflegeprodukten eignen sich Mini Dropper Fläschchen von 3-60 ml Volumen und verschraubbare wasserdichte Dosen von 5-20 ml Volumen aus Plastik für Kosmetikartikel.

Zahnpflege: Unzureichende Zahnpflege verursacht z.B. durch nicht ent-fernte Essensreste zwischen den Zähnen kann unterwegs schnell zu Ent-zündungen und starken Zahnschmerzen führen. Eine klappbare Reise-zahnbürste wiegt nur ca. **7 g**, eine kleine Tube Zahnpasta 15 ml, **24 g** reicht für 2-3 Wochen, eine kleine Rolle Zahnseide ohne Verpackung wiegt nur **5 g**. Für das Zähneputzen ausschließlich Trinkwasser benutzen.

Fußpflege: Schuhe und Socken bei jeder Pause und am Abend nach dem Laufen lüften, damit diese trocknen können. Das Laufen in nassen Schuhen fördert sehr schnell die Blasenbildung, feuchte Haut kann schnell zu Haut-ablösungen und Infektionen führen. In diesem Fall ist es ratsam, eine Pause (ca. einen Tag) einzulegen. Puder ist praktisch in feuchten Regionen, um die Füße trocken zu halten. Eine Fungizidsalbe mitzunehmen ist sinnvoll, da feuchte Füße schnell zu Fußpilzinfektionen führen können.

Eine kleine Nagelfeile (ca. **2 g**) zum Kurzhalten der Nägel und um Druckstellen am Nagelbett zu verhindern sollte man mitzuführen. Das ge-samte Pflegematerial verpackt man in einen wasserfesten, transparenten Flachbeutel mit einem Volumen von ca. 1 l und ca. **25 g** Gewicht.

Reparaturen unterwegs

Das Reparaturset besteht aus Gewebeband (Ductape), ca. einen Meter Länge auf eine alte Kreditkarte gewickelt, eine Nähnadel, Zahnseide ca. zwei Meter als Nähgarn, zwei Stück Sicherheitsnadeln mit einem

Gesamtgewicht von ca. **10 g**. Mit Gewebeband lassen sich z.B. Zelte, Zeltstangen, Jacken und Schuhe behelfsmäßig reparieren, Verbände machen und improvisierte Sonnenbrillen herstellen.

Trekkingstöcke und Regenschirm

Trekkingstöcke helfen im nassen oder schwierigen Gelände, beim bergabgehen oder bei Bachüberquerungen die Balance zu halten und dienen auch als Tarpaufstellstangen. In ebenem Gelände mit leichtem Rucksack sind Trekkingstöcke nach der Erfahrung des Autors nicht notwendig. Typische leichte, robuste und faltbare Stöcke mit kurzen Segmenten lassen sich am Rucksack leicht befestigen und transportieren und wiegen ca. **220--400 g**.

Ein robuster Regenschirm von z.B. Mont-Bell, das Modell Trekking-Umbrella, ca. **150 g** oder von Euroschirm der Light Trek Automatic, ca. **295 g** ist in feucht-warmem Klima besser geeignet als Membran-Regenjacken oder Membran-Regenhosen und eignet sich auch als Sonnenschutz für unterwegs. Eine Sonnenbrille als Blendschutz und zum Schutz vor schädlichen UV-Strahlen sollte immer dabei sein, Brillenträger sollten ggf. eine Ersatzbrille nicht vergessen. Nützlich in längeren Regenpausen sind Notizblock, Musik (auf dem Smartphone) und z.B. Kartenspiele.

Erste-Hilfe-Set

Unterwegs ist es immer möglich, dass ein Unfall passiert oder dass man krank wird. Es ist ein Muss, sich erweiterte Erste Hilfe Kenntnisse anzueignen und ein Erste Hilfe Set auf Touren mitzunehmen, da es lange dauern kann, bis Hilfe organisiert ist und vor Ort eintrifft, vor allem bei schlechtem Wetter, fehlender Funknetzverfügbarkeit, in abgelegenen Gebieten oder fehlendem Rettungswesen. Das Deutsche Rote Kreuz oder z.B. die Outdoorschule Süd (www.outdoorschule-sued.de) bieten solche speziellen Erste Hilfe Outdoor Kurse an. Eine gute Tourenplanung umfasst auch immer die Abklärung des Rettungswesens in der jeweilen Region oder dem Reiseland.

Unterwegs ist es sinnvoll, ein Faltblatt in Kleinformat auf wasserfestem Papier mit einer Zusammenfassung der Ersten Hilfe (Outdoorschule Süd, oder Erste Hilfe Outdoor, oder von Infoflip Medien GmbH) mitzuführen. Zusätzlich empfiehlt es sich, auf dem Smartphone Nachschlagewerke im PDF -Format z.B. der „Wilderness and Remote First Aid Emergency

Reference Guide" (englisch, kostenlos) vom Amerikanisches Rotes Kreuz und der „Field Guide to Wilderness Medicine", Elevier Verlag, 5th Ed. Von Paul S. Auerbach zu laden. Der Fieldguide deckt alle relevanten medizinischen Themen im Outdoorbereich in allen Klimazonen ab. Beim Kauf der gedruckten Version kann man das Buch auf das Smartphone laden.

Ein Minimalset besteht aus Einmalhandschuhe aus Vinyl oder Nitril (2 x), Dreieckstuch aus Viskose, Verbandspäckchen mittel, Thermometer Nextemp (Temperaturstreifen), Splitterpinzette, eine Rolle Sporttape, Compeed Blasenpflaster, Wundpflaster 10∗6 cm, Breitfixierpflaster, CRP-Notfallbeatmungsmaske, Schmerztabletten, Wunddesinfektionsmittel 5 ml, kleine Tube Vaseline und persönliche Medikamente. Das Gesamtgewicht des Sets, aufbewahrt in einem wasserdichten Wickelsack, beträgt ca. **180 g** und sollte entsprechend der Tour angepasst werden. Ein medizinischer Selbstauskunftsbogen, Impfbuch und Notfallnummern, Personalausweis, Krankenkassenkarte und Reiseversicherungen werden in einem wasserdichten Dokumentenbeutel verstaut. Das Erste-Hilfe Set und den Mountain Equipment Notfall Biwaksack **108 g**, welcher eine verstärkte Kunststoffhülle hat und eine dünne Alu-Beschichtung zur Reflektion eines Großteils der Körperwärme aufweist, immer im Rucksack mitführen.

Notfall-Kit bei Ausrüstungsverlust

Das folgende Notfall-Kit sollte bei einer Tour immer in einer Jacken- oder Hosentasche mitgeführt werden: Rettungsdecke **64 g**, Katadyn Micropur Forte MF 1T Wasserreinigungstabletten; 10 Stück, **1 g**, 1 x transparente Polyethylen Beutel, ca. **1.8 g** / Stück, 3 l Volumen, Schweizer Taschenmesser mit einer Leine gesichert, je nach Modell ca. **33-74 g** ohne feststellbare Klinge, z.B. das Modell Camper, ergänzt mit einem Feuerstahl Firefly von Tortoise Gear (www.tortoisegear.com) als Ersatz des Zahnstochers, Minischraubendreher im Korkenzieher für die Reparatur von Brillen und magnetisierte Nadel als Kompassersatz im Griffschaleneinschub, Nitecore TINI 380 Schlüsselanhängerlampe **16 g**, Knopfkompass **8 g**, ACME Tornado Slimline Signalpfeife **9 g**. Gesamtgewicht: Maximal ca. **133-174 g**.

Mit dem Feuerstahl lassen sich unter nahezu allen Wetterbedingungen Funken zum Feuermachen erzeugen, zum Abkochen von Wasser, zur Nahrungsmittelzubereitung und zur Vermeidung von Hypothermie. Polyethylenbeutel und Ziplockbeutel können für den Wassertransport verwendet werden. Die Benutzung des Kits vor der Tour üben.

4 Exemplarische Packlisten

Die nachfolgenden Tabellen exemplarische Beispiele für eine Basis-Ausrüstung für Touren mit Draußen-Übernachtungen oder mit Unterkunft von Frühjahr bis Herbst, aber auch in einer modifizierten Version für Tagestouren und soll als Anregung für eigene Planungen dienen. Diese Ausrüstung muss immer einer geplanten Tour angepasst werden. Die Liste ist in drei Teile gegliedert:

Die Basisausrüstung, welche am Körper getragen wird (Teil 1), die Basisausrüstung im Rucksack (Teil 2) und das variable Verbrauchsmaterial wie Wasser, Proviant und Brennstoff (Teil 3).

Teil 1: Basisausrüstung am Körper getragen

Ausrüstung	Anzahl	Gewicht (Gramm)
Merinowanderhemd	1	170
Wanderhose Kunstfaser	1	278
Socken	1	32
Dokumente (Ausweis etc.)	1	100
Merinoshorts	1	40
Trailrunningschuhe	1	485
Geldbörse	1	100
Smartphone	1	170
Notfallkit		174
Gesamt		**1549**

Teil 2: Basisausrüstung im Rucksack

Rucksack, Unterkunft und Schlafen

Ausrüstung	Anzahl	Gewicht (Gramm)
Rucksack Montane Ultra Tour 40	1	745
Terra Nova Competition Ein-Personen Tarp 140 *260 cm	1	208
MSR Zelt Hering Mini GroundHog 8 g/ Stück	6	48
Bodenfolie 19 g/qm	2	38
Dynameeschnur, d = 1.8 mm, 2g/m	20 m	40
Sea To Summit Nano Moskitonetz	1	85
Therm-A-Rest NeoAir XLite Isomatte, 183 cm mit Reparatur Kit	1	344
Cumulus Lite Line 300 Schlafsack, KomforT. 4°C	1	600
Gesamt		**2108**

Bekleidung und Wetterschutz

Ausrüstung	Anzahl	Gewicht (Gramm)
Haglöfs LIM III Jacke	1	230
Laufhose kurz	1	130
Montane Minimus Regenhose	1	145
Patagonia Micro Puff Hooded Jacket	1	250
Dünne Synthetikfingerhandschuhe	1	30
Chaske Reversible CAP	1	40
Merino Buff	1	50
Merino-Langarmunterhemd	1	160
Merino-Kurzarmunterhemd	1	124
Merinoshorts	1	40
Merinounterhose lang	1	150
Merinowanderhemd	1	170
Socken	1	32
Gesamt		**1551**

Küche und Wasserversorgung

Ausrüstung	Anzahl	Gewicht (Gramm)
Toaks Titanium Tasse mit Deckel 650 ml	1	80
Titanspork Snow Peak	1	17
Titanteller Snow Peak	1	62
Toaks Alcoholstove mit Topfständer und Windschutz	1	26
Spiritusflasche 0.25 l	1	28
Mini BIC Feuerzeug	1	10
MSR TrailShot Wasserfilter	1	140
Falt-Wasserflasche 1 l	2	80
Gesamt		443

Hygiene und Erste Hilfe

Ausrüstung	Anzahl	Gewicht (Gramm)
Handtuch Mikrofaserhandtuch, 38·80 cm	1	22
Dr. Bronners Flüssigseife 40 ml	1	50
Zahnbürste/ Zahncreme/Zahnseide	1	36
DEO Creme Laviline Dose	1	10
Ohrenstöpsel	1	2
Erste-Hilfe-Set	1	180
Reparaturset	1	10
Hautcreme Shea Butter kleine Dose	1	15
Sonnencreme Tube 50 ml	1	50
Insektenschutzmittel in Pumpsprühflasche ca. 10 ml	1	20
Kamm und Spiegel	1	14
Gesamt		408

Elektronik

Ausrüstung	Anzahl	Gewicht (Gramm)
Powerbank Nitecore F2 mit 2·18650 Akkus	1	144
USB Ladegerät mit 2 Lade- und Datenkabeln	1	60
Kopflampe Petzl Bindi	1	35
Gesamt		239

Sonstige Ausrüstung

Ausrüstung	Anzahl	Gewicht (Gramm)
Seat o Summit Ultra-Sil Nano Dry Sack Volumen 2 l, 6 l und 13 l	1 1 1	8 10 28
Faltbares Sitzkissen Relags	1	20
Mountain Equipment Notfall-Bivibag	1	108
Kartenmaterial	1	ca. 100
Sonnenbrille	1	10
Gesamt		238

Das Gesamtrucksackgewicht beträgt ca. **5000 g**

Teil 3: Verbrauchsstoffe durchschnittlich/Tag: Ca. 30 ml Brennspiritus/Tag/Person, Wasserbasismenge ca. 2 l (unterwegs zu ergänzen), ca. **0.5-0.6 kg** Nahrungsmittel/Tag/Person, sowie Papiertaschentücher.

Für Hüttentouren bzw. Touren mit täglicher Übernachtung in Unterkünften oder für Wochenendtouren im Hochsommer mit Draußen-Übernachtung bei Nachttemperaturen von über 20°C kann man folgende Ausrüstungteile modifizieren:

Rucksack: Z.B. Terra Nova Laser 25, **365 g**, 25 l Volumen. Anstatt des Schlafsacks ein Seideninlett **105 g** und z.B. der Schlafsackinliner von Sea to Summit, der Reactor Extreme Thermolite Mummy Liner Long, Gewicht **434 g,** einen atmungsaktiven Biwaksacküberzug **ca. 146 g,** sowie die Thermarest Matte X-lite in Kurzversion 119₋51 cm, **230 g.** Das Gesamtgewicht beträgt zwischen ca. **4000 g** und **4400 g.**

Rucksack mit 25 l Volumen mit Ausrüstung für mehrtägige Touren mit täglicher Übernachtung in Unterkünften: Gewicht ca. 4400 g. Das Restvolumen des Rucksacks bietet genügend Platz, um Nahrungsmittel für zwei Tage mitzunehmen

Für Tagestouren reduziert sich die Ausrüstungsliste erheblich:

Ausrüstung	Anzahl	Gewicht (Gramm)
Rucksack Terra Nova Laser, 25 l Volumen.	1	365
Haglöfs LIM III Jacke	1	230
Montane Minimus Regenhose	1	145
Patagonia Micro Puff Hooded Jacket	1	250
Dünne Synthetikfingerhandschuhe	1	30
Chaske Reversible CAP und Merino Buff	1	90
Merino-Langarmunterhemd und Merinowanderhemd	1	330
Socken	1	32
Terra Nova Competition Ein-Personen Tarp 140 *260 cm, Dynameeschnur	1 20 m	208 40
Titanspork Snow Peak	1	17
Toaks Titanium Tasse mit Deckel 650 ml	1	80
MSR TrailShot Wasserfilter	1	140
Falt-Wasserflasche 1 l	2	80
Erste-Hilfe-Set	1	180
Insektenschutzmittel in Pumpsprühflasche ca. 10 ml und Tube Sonnencreme 50 ml	1	70
Powerbank Nitecore F2 mit 2·18650 Akkus, USB-Lade- und Datenkabel	1	154
Kopflampe Petzl Bindi	1	35
Faltbares Sitzkissen Relags	1	20
Mountain Equipment Bivibag	1	108
Kartenmaterial	1	ca. 100
Sonnenbrille	1	10
Gesamt		**2714**

5 Anhang: Übergangstraining zu Minimalschuhwerk

Die Informationen in diesen Abschnitt sind für Lernzwecke gedacht und entbindet den Leser nicht Beschwerden medizinisch abklären zu lassen. Die Übergangszeit zum Gehen mit Minimalschuhwerk kann einige Wochen dauern (Lit. 14-15). Es ist immer daran zu denken, am Anfang herkömmliche Schuhe als Ersatz mitzunehmen.

1) Fußmuskeltraining

a) *Fußmassage ist eine der besten Wege, um die Fußnerven und -muskeln zu stimulieren. Diese Übungen sitzend und barfuß ausführen:*

1. Mit dem Ellbogen an der ganzen Fußsohle entlang reiben.

2. Die Zehen mit der Hand unter leichtem Druck nach hinten und vorne dehnen und beugen.

b) *Fußmuskeltraining:*

1. Fersen heben, indem man auf die Zehenspitzen steht.

2. Handtuch vom Boden mit den Zehen aufnehmen und dem anderen Fuß übergeben.

3. Fußrücken/Fußsohle beugen.

4. *Indianerhocke:* Die Füße stehen flächig am Boden, die Beine sind der Körpermitte positioniert. Dann setzt man sich zwischen die Beine, so tief es geht, die Fußballen bleiben am Boden. Die Arme liegen auf den Knien. Ca. eine Minute in der Position verbleiben.

5. *Shortfoot-Übung:* Im Stehen die Füße fest auf den Boden stellen. Dann langsam den Großzehballen in Richtung Ferse ziehen und 10 Sek halten und langsam zurück.

6. Seitliches überkreuzgehen und mit den Innen- und Außenkanten der Füße aufsetzen.

Zu Hause auf unterschiedlichen Untergründen barfuß gehen (Steinplatten, Teppich etc.), auf Kieselsteinen auf der Stelle treten (1-2 cm Durchmesser, in einer flachen Kiste von 50·50 cm Größe positioniert oder die Terrasensa Strukturbodenplatte 50·50 cm (www.sensa-hubner.com) oder die propriozeptiven Matten von Nabosotechnologie (www.nabosotechnology.com) beschaffen und darauf gehen. Diese Übungen mobilisieren das gesamte neuromuskuläre und sensomotorische System und sollten auch nach der Übergangszeit beibehalten werden.

2) Muster-Trainingsplan 8 Wochen

Fußmuskeltraining

1. bis 4. Woche

Fußmuskeltraining 5 x/Woche in 3 Durchläufen à 10 Wiederholungen und ca. 10-20 min Barfuß gehen zu Hause oder beim Spazieren auf Waldwegen ohne Schotterbelag Barfuß gehen, nur solange es angenehm ist. Hinweise auf S. 40 beachten.

5. bis 8. Woche

Fußmuskeltraining 5 x/Woche in 3 Durchläufen à 20-30 Wiederholungen und ca. 20-30 min Barfuß gehen zu Hause oder beim Spazieren auf Waldwegen ohne Schotterbelag Barfuß gehen, nur solange es angenehm ist. Hinweise auf S. 40 beachten

Minimalschuhtraining

Ab 4. Woche

Pro Woche während des normalen Tagesablaufs 5-6 x ca. 3000 Schritte gehen, nur solange es angenehm ist. Darauf achten, aufrecht zu gehen, kurze Schritte zu machen und die Bodenoberfläche von der Ferse über die Zehen zu verlassen. Nach einigen Wochen ändert sich die Gangart. Ein Indikator ist leises Gehen.

5. bis 8. Woche

Pro Woche 5-6 x ca. 7000 Schritte gehen

Ab der Woche 9

Kurze Tageswanderungen in Minimalschuhen gehen.

6 Weiterführende Literatur und Internetadressen

1) Relationship between maximum acceptable work time and physical workload, Wang et al., Ergonomics, **45**, 280-289, 2002
2) Effects of load carriage, load position and walking speed on energy cost of walking, D Abe et al., Applied Ergonomics, **35**, 329-335, 2004
3) Energetic consequences of human Sociality: Walking Speed Choices among Friendly Dyads, Wall-Scheffler, PLOSone **8**, e76576, 2013
4) Effect of load and speed on energetic cost of human walking, Bastian et al., Eur J Appl. Physiol., **94 (1-2)** 76-83, 2005
5) Physiological strain due to load carrying in heavy shoes, Holewijan et al., Eur J Appl. Physiol., **65**, 129-134, 1992
6) The Impact of Footwear and Packweight on Injury and Illness Among Long-Distance Hikers, Kahn et al., Wilderness and Environmental Medicine, **20**, 250–256 (2009)
7) Gender differences in load carriage injuries of Australien army soldiers, Pope et al., BMC Muskulosceetal Disorders, **17**, 488, 2016
8) Feet and Footwear: Applying Biological Design and Mismatch Theory to Running Injuries, Wilkinson et al., Int J Sports Exerc Med, **4**, 090, 2018
9) Distribution and behaviour of glabrous cutaneous receptors in the human foot sole, Kennedy et al., Journal of Physiology **538.3**, 995, 2002
10) Effect of Footwear on Dynamic Stability during Single-leg Jump Landings, Davis et al., Int J Sports Med, **38**, 1–6, 2017
11) The effects of habitual footwear use: foot shape und function in native barefoot walker, D`Aout et al., Footwear Science, **2**, 81-94, 2009
12) The foot core system: a new paradigm for understanding intrinsic foot muscle function, Davis et al., Br J Sports Med **49**, 280, 2015
13) Biomechanical and physiological comparison of barefoot and two shod conditions in experienced barefoot runners, Gallozzi et al., J Sports Med Phys Fitness, **49**, 6-13, 2009
14) Transitioning to Minimal Footwear: A Systematic Review of Methods and future Clinical recommendations, Warne et al., Gruber Sports Medicine 3:33, 2017

15) Walking in Minimalist Shoes Is Effective for Strengthening Foot Muscles, Ridge et al., Med. Sci. sports. Exerc. 2018 Aug. 15
16) Wilderness and Remote First Aid Emergency Reference Guide, Amerikanisches Rotes Kreuz, 2010, WWW.Redcross.org
17) Where there is no doctor, Werner, Hesperian Health Guides, 2017
18) Wilderness Medical Society Practice Guidelines for Basic Wound Management in the Austere Environment, Mazzorana et al., Wilderness and Environmental Medicine, 25, 118–133, 2014
19) Field Guide to Wilderness Medicine, Auerbach et al., Elevier Verlag, 5th Ed., 2019
20) Erste Hilfe Outdoor incl. Spickzettel in Faltblattstruktur P. Oster, 4. Auflage, ZIEL -Zentrum für interdisziplinäres Lernen GmbH Verlag, 2018
21) Erste Hilfe Outdoor, Kompaktratgeber in Faltblattstruktur, R. Bösel, Infoflip Medien GmbH, 2012
22) Trinkwasserversorgung und Hygiene unterwegs, Christian Ludin Tredition Verlag, 2018
23) Orientierung mit Karte, Kompass, GPS, Linke, Delius Klasing Verlag, 16. Auflage, 2014
24) FWF-Projekt „Stürze bei Bergwanderern"
www.pf.fwf.ac.at/de/wissenschaftkonkret
25) Barfußwandern: Münchner Berge und Alpenvorland. 30 Touren und Barfußerlebnisse für Groß und Klein mit Barfußparks, Soeffler et al., Bergverlag Rother; 4. Auflage, www.barfussschweiz.ch
26) Auswahl Internetadressen von Anbietern leichter Trekkingausrüstung: www.bergzeit.ch, www.sackundpack.de, www.trekkinglite-store.com

Zeitfracht Medien GmbH
Ferdinand-Jühlke-Straße 7
99095 Erfurt, Deutschland
produktsicherheit@kolibri360.de